Christine Berg und Jutta Ohl (Hrsg.)

Frauen erzählen!
Frauen berichten!
Frauen dokumentieren!

... aus dem Kreis Steinburg

Herausgeberinnen: Christine Berg, Glückstadt, und Jutta Ohl, Bekmünde

Rechnungslegung und Vertrieb: Gemeinnütziger Verein Donna Doria e.V.

Steuernummer 18/290 81 777 Finanzamt Itzehoe

IBAN DE04 2229 0031 0000 0910 22

BIC GENODEF1VIT

www.donna-doria-ev.de

Sollten Sie als Leser/in in Ihrem Umfeld, Bekannten- und Verwandtenkreis, aber auch aus Erzählungen und Berichten zu diesem Buch einen weiteren Beitrag leisten wollen oder uns zu berichten und zu erzählen haben, so nehmen Sie mit uns Kontakt auf; siehe dazu hinten.

Ein besonderer Dank gilt denen, die uns unterstützt und gefördert haben, und auch denen, die uns ihre Manuskripte und Texte sowie Bilder und Darstellungen kostenlos zur Verfügung stellten.

2., durchgesehene und verbesserte, Auflage 2020

Lektorat, Layout, Satz- und Umschlaggestaltung: Christine Berg

Texterfassung für Donna Doria e.V.: Jutta Ohl

Frauen erzählen!
Frauen berichten!
Frauen dokumentieren!

... aus dem Kreis Steinburg

Kreativ – Kulturell – Kunterbunt

Gegründet im Jahr 1999:
20 Jahre gemeinnützig tätig!

Bibliografische Information der Deutschen Nationalbibliothek:

Die Deutsche Nationalbibliothek verzeichnet diese Publikation in der Deutschen Nationalbibliografie; detaillierte bibliografische Daten sind im Internet über http://dnb.d-nb.de abrufbar.

Herstellung und Verlag: BoD - Books on Demand, Norderstedt, www.bod.de

ISBN: 9-783749-435883

www.donna-doria-ev.de

Gemeinnützig tätiger Mädchen- und Frauenverein seit 1999

(Männer sind als Mitglieder und Gäste herzlich willkommen)

Grußwort

Schon 1992 gründete sich im Kreis Steinburg der Arbeitskreis „Frauengeschichte – Frauengeschichten im Kreis Steinburg". Initiiert seinerzeit von der ersten Gleichstellungsbeauftragten des Kreises Jutta Ohl, die 17 Jahre im Amt war. Im Arbeitskreis wurde sie unterstützt durch ihre ehrenamtlich tätigen Kolleginnen Elke Dammann (Amt Kellinghusen-Land), Petra Hoffmann (Amt Herzhorn) Ute Kortüm (Amt Hohenlockstedt) und Helga Thode (Amt Itzehoe-Land). Sie hatten ein Ziel: Frauen sollten ihre Geschichte erzählen, sie dokumentieren und berichten. Es entstanden neun Bände, die in der Druckerei des Kreises gedruckt wurden. Nach der Gründung des gemeinnützig tätigen Vereins Donna Doria e.V. im Jahr 1999 übernahm auch dieser Aufgaben und Recherche. Nun, zum zwanzigjährigen Jubiläum, haben die Frauen erneut besondere Geschichten herausgesucht, um sie in diesem Buch zu veröffentlichen.

Wir danken besonders Gitta Trinks-Ressin, Emilie Bluhm geb. Frank, Elfie Rieß und Renate Schmidt, die besondere Texte geliefert haben. Aber auch alle anderen Beiträge haben eine große Bedeutung.

Wir wünschen Ihnen eine anregende und bereichernde Lektüre.

Brigitte Smuda, 2. Vorsitzende Verein Donna Doria e.V.

Arbeitskreis „Frauengeschichte – Frauengeschichten im Kreis Steinburg"

(Foto: privat)

Von links nach rechts:

Jutta Ohl – Helga Thode – Ute Kortüm – Elke Dammann – Petra Hoffmann

Inhalt

(Foto: Jutta Ohl)

Flucht mitten im Frieden

Brigitte Trinks geb. Sander 1953

(Foto: privat)

17. Juni in der DDR und die Folgen

für Brigitte Sander, heute Brigitte Trinks-Ressin

Flucht mitten im Frieden!
17. Juni in der DDR und die Folgen

Brigitte Sander, heute Brigitte Trinks-Ressin

Meine Eltern hatten sich 1938 in Hamburg beim Tanzen kennen gelernt und als junger Soldat war mein Vater in der Letto-Vorbeck-Kaserne in Hamburg Wandsbek stationiert. Ich wurde 1939 in Hamburg geboren. Das hat man mir übrigens jahrelang nicht geglaubt, denn mein Dialekt war echt „thüringisch". Mitten im Zweiten Weltkrieg sind wir dann ohne Vater nach Thüringen umgezogen. Dort lebten die Eltern meiner Mutter. Wir wohnten als Kinder mit der ganzen Familie in Burkersdorf, einem kleinen Dorf in Thüringen bei Weida, im Kreis Gera! Ich war damals erst drei Jahre alt. Mein Bruder Volker und meine Schwester Margret sind hier geboren.

Die Schule hatte für mich als junges Mädchen eine große Bedeutung und dort begann auch der sogenannte "Ernst des Lebens", der alles für mich veränderte. Nach meiner Schulzeit bekam ich eine Lehrstelle in Weida in einer Schuhfabrik als „Stepperin" für Damen- und Herrenschuhe. Ich war gerade erst 13 Jahre alt. Jeden Morgen fuhren wir um 7.00 Uhr zur Arbeit und es war immer ein langer Arbeitstag.

An meinem besonderen Schicksalstag, es war ein Berufsschultag für mich, entschied sich für mich und meine Familie unser weiteres Leben. Einen Tag vorher hatten mich meine Eltern beiseite genommen und mir mitgeteilt, dass ich mit meinem Vater auf dem schnellsten Wege nach Berlin in den Westen fahren müsste. Die Zusammenhänge, warum das so sein musste, waren mir damals nicht gleich bewusst, aber es stand im unmittelbaren Zusammenhang mit dem Volksaufstand am 17. Juni 1953 in der damaligen DDR. Mein Bruder Volker sollte uns begleiten. Volker war damals 8 Jahre alt und meine kleine Schwester Margret 3 Jahre alt. Meine Mutti und Margret sollten aber später nachkommen. So war es abgemacht.

Am nächsten Morgen in der Frühe hieß es Abschied nehmen. Es gab viele Tränen, aber die mussten schnell wieder trocknen, denn es durfte ja nicht auffallen. Alle meine Sachen, auch noch die Geschenke von meiner Konfirmation, das alles musste ich zurücklassen. Von meinem Konfirmationskleid konnte ich mich aber nicht trennen. Ich zog dann einfach zwei Kleider übereinander an. Ich sollte noch morgens früh in die Berufsschule gehen und mir dann von meinem Lehrer frei geben lassen. Das waren unsere Planungen.

Ganz so einfach war es dann doch nicht, denn ich musste den Lehrer anlügen und beinahe hätte ich nicht frei von ihm bekommen. In der Pause sprach ich dann mit meiner besten Freundin, denn die hatte mich auf meine zwei übereinander gezogenen Kleider angesprochen. Ihr war nämlich aufgefallen, dass ich an diesem Tage etwas molliger aussah. Ich hatte furchtbare Angst, dass sie mich verraten würde, aber nach längerem Zögern habe ich ihr dann erzählt, dass wir flüchten müssen. Nicht nur der Abschied von meinem Heimatort, vielen eigenen Sachen, sondern auch der Abschied von meiner lieben

Mutti – die uns nicht gleich begleiten sollte – und meinen geliebten Großeltern, war eigentlich eine Katastrophe für mich.

Meine Freundin und ich fielen uns in die Arme und haben uns geschworen, dass wir immer Freundinnen bleiben würden. So ist es auch Gott sei Dank bis heute geblieben.

Mein Vater hatte am damaligen Aufstand in der DDR am 17. Juni 1953 in Gera teilgenommen. Er hatte demonstriert und sich gegen dieses Unrechtsregime gestellt. Mehrere Leute aus unserem Dorf hatten ihre Parteibücher verbrannt. Ebenso mein Vater. Er wollte den Zwang, in der Partei zu sein, einfach ablegen. Einer der Mitarbeiter, ein angestellter Pfleger aus einem Pflegeheim, hat meinen Vater an die Stasi verraten. Zum Glück waren meine Eltern mit der Bürgermeisterin gut befreundet. Die hat meinen Vater in der Nacht aus dem Bett geklingelt und ihn gewarnt. Vati sollte zwei Tage später verhaftet werden. Er war damals der Leiter des "Scharlachkrankenhauses" in Burkersdorf. Später wurde dann daraus ein Altenpflegeheim. Der „Verräter", so muss ich ihn bezeichnen, hat später den Posten meines Vaters übernommen. War das die Belohnung für seinen Verrat?

Viele Jahre später hat meine Mutter dies alles erst bei einem Besuch in Burkersdorf erfahren, nachdem wir wieder dorthin reisen konnten. Aber nun zurück zu meinem Schultag dem Stunden früher die Schule verlassen. Ich fuhr mit dem Zug von Weida nach Gera, dort warteten schon auf dem Bahnsteig mein Vater und mein Bruder Volker. Gegen 14.30 Uhr setzte sich der

Zug nach Berlin in Bewegung. Volker haben wir erzählt, wir fahren nach Wittenbergen, die Tante Grete besuchen. Im Zug waren sehr starke strenge Kontrollen. Wir sind dann bis nach Berlin glatt durchgefahren. Der Zug fuhr durch den Westsektor und hier hatte man die Möglichkeit auszusteigen. Hatte man diese Chance beim Anhalten des Zuges verpasst, war man wieder im Osten.

Berlin war ja schon geteilt, aber zum Glück gab es damals die Mauer noch nicht. Wir stiegen also am Bahnhof Zoo aus und mussten uns sofort in Tempelhof melden. Am Bahnhof Zoo wurde der Zug fast leer, denn viele Leute haben hier die Gelegenheit genutzt, die DDR zu verlassen.

Im Ortsteil Tempelhof in Berlin war ein Auffanglager in einer riesigen alten Fabrik eingerichtet worden. Hier wurden wir registriert. Mein Vater musste zum Schlafen in eine große Halle mit ca. 180 Männern. Die Luft roch hier nach Schweiß und der Gestank war fürchterlich. Mein Bruder Volker und ich wir waren mit Frauen und Kindern in kleineren Räumen untergebracht. Es dauerte nicht lange, dann hatte man Läuse und sogar Filzläuse. Das war wirklich sehr unangenehm. Regelmäßig mussten wir alle zur Untersuchung und bekamen ein stinkendes Pulver gegen die Plage verpasst. Das ganze dauerte drei Wochen.

Meine Mutter und meine Schwester Margret sind dann, Gott sei Dank, doch nach drei Wochen nachgekommen. Es war klar, dass bei meiner Mutter die Staatssicherheit angerückt war und sie verhört hatte. Es hatte sich ja im Dort schnell herumgesprochen, dass wir geflüchtet waren. Meine Mutter und meine Schwester konnten wir vom Bahnhof Zoo in Berlin abholen. Alle unsere Sachen mussten in der DDR zurückbleiben und wir hatten nur einige Papiere dabei und das, was wir anziehen konnten. Als wir als Flüchtlinge anerkannt waren, wurden wir in ein Lager nach Marienfeld verlegt. Dort hatten wir mit drei anderen Familien eine Wohnung und jede Familie hatte einen Schlafraum für sich. Vom Roten Kreuz wurden wir dann eingekleidet. Die Kleidung waren Spenden aus den USA, und ich konnte mir ein Kleid aussuchen und das war ein schwarzes elegantes Kleid, schön auf Taille und ich war mächtig stolz. Dieses Kleid habe ich sehr lange behalten, denn es wurde mein Lieblingskleid.

Nach ca. 8 Wochen wurden wir nach Hamburg mit einer amerikanischen Militärmaschine ausgeflogen, die sie damals „Rosinenbomber" nannten. Diese Rosinenbomber haben während der Besatzungszeit täglich Berlin angeflogen, denn westdeutsche Maschinen durften damals Berlin noch nicht anfliegen. Ich hatte furchtbare Angst vorm Fliegen. Meine Mutter hatte uns Brote für den Flug eingepackt und ich habe vor lauter Angst und Nervosität alle alleine aufgegessen. Für meinen kleinen Bruder Volker war das allerdings ein ganz großes Erlebnis, aber ich selber habe mir geschworen, nie wieder zu fliegen. 90 Minuten dauerte seinerzeit mit langsamen Propellermaschinen der Flug nach Hamburg. Als wir in Fuhlsbüttel gelandet waren, ging es per Bus zur Letto-Vorbeck-Kaserne nach Wandsbek. Auf dem Kasernengelände standen 8 große Häuser. Wir bekamen wieder ein Zimmer zum Wohnen und zum Schlafen. So schließt sich oft der Kreis des Lebens. In Wandsbek mussten wir wieder einige Wochen bleiben, bis wir die Anerkennung als DDR-Flüchtlinge erhielten.

Jetzt war unser Ziel Schleswig-Holstein, denn in Itzehoe lebten meine Großmutter und mein Onkel Jochen. Leider war deren Wohnung sehr klein und mit 5 Personen war da einfach kein Platz. Für mich gab es nur eins: zur Tante nach Maschen in die Lüneburger Heide zufahren. Sie war eine ältere, kinderlose Tante und nahm mich gerne auf. Ganz schnell bekam ich auch Arbeit in einem Gemischtwarenladen. Mein täglicher Brötchentransport führte mich über sandige Wege zu den einzelnen Haushalten. An den Türen hingen die Beutel und ich legte die bestellten Brötchen hinein. Zu meinem Unglück kippte auch einmal mein Fahrrad um und die losen Brötchen kullerten aus dem Korb in den Sand. Sicher hat an diesem Morgen so mancher auch auf Sand gekaut.

Meine Familie blieb dann noch drei Monate im Lager, bis wir dann endlich im damaligen Lokstedter Lager eine Wohnung frei war. Es war nicht einfach, 1954 Wohnung und auch gleich Arbeit zu finden. Dann hatten wir Glück, denn meine Mutter hatte als junges Mädchen 1938 in Hamburg als Hausmädchen bei einer Familie gearbeitet. Die Familie lebte noch in Hamburg-Wandsbek. Die Freude groß war groß, als wir diese Familie besuchten. Die Tochter der Familie wohnte zufällig auch in Lokstedter Lager in der Memeler Straße. Dort hatte sie eine kleine Chemiefabrik, die „Firma Thurau". Vater bekam dort Arbeit und wir erhielten auf dem Fabrikgelände in einer Halle einen Raum, den wir uns einrichten konnten. Das war ein furchtbarer Raum ohne Fußboden. Auf der Erde war Zement und roter Staub. Möbel hatten wir auch nicht. Aber wir hatten ein Dach überm Kopf und mussten nicht mehr im Lager hausen.

Ich bin in Lokstedter Lager noch zur Berufsschule gegangen. Meine Lehre in der Schuhfabrik in Weida konnte ich ja nicht zu Ende machen. In Lola (so nannte man früher Lokstedter Lager) war zum Glück auch eine Schuhfabrik. Max Detzner war auch aus Weisenfels in Thüringen geflüchtet und hatte hier die Schuhfabrik mit aufgebaut.

Mein Heimweh nach Thüringen war inzwischen grenzenlos. Mit meiner Chefin habe ich so manche Träne über die alte Heimat vergossen und oftmals beschlossen wir: „Wir gehen gleich zu Fuß nach Hause!" Gemacht haben wir es ja doch nicht, aber es hat uns getröstet.

Heute befinden sich auf dem Gelände der alten Schuhfabrik die Räume der Arbeiterwohlfahrt. Mein Vater hatte mit seiner Arbeit weniger Glück. Er musste von Haus zu Haus gehen und den Leuten Reinigungspulver verkaufen. Leben konnten wir von dem wenigen Geld auch nicht. In der Schuhfabrik Detzner hatte ich gleich eine Arbeit als „Stepperin" bekommen. Die Firma konnte aber leider nicht weiter ausbilden. Aber mit Akkordarbeit verdiente ich gutes Geld. 115,- Mark wurden in der Woche ausbezahlt. Das war für damalige Verhältnisse sehr viel und ich habe das Geld zu Hause abgegeben. Meine Familie hat davon fast ein Jahr lang gelebt. Die sogenannte „Stütze" als DDR-

Flüchtlinge betrug damals nur 40,- Mark pro Woche für eine fünfköpfige Familie. 5,- Mark habe ich für mich behalten. Ich war sehr stolz, dass ich so gut verdiente, denn ich war damals ja gerade erst 15 Jahre alt. Gott sei Dank hat mein Vater dann durch seinen Bruder Jochen Arbeit bei der Firma Gruner & Sohn in Itzehoe gefunden (Gruner und Jahr, jetzt Prinovis). Nun ging es uns etwas besser.

Unsere ersten Möbel in Lola waren aus Apfelsinenkisten vom Wochenmarkt zusammengeschustert. Ein alter eiserner Schrank war mein Kleiderschrank, ein Tisch vier Stühle und ein Hocker.

Unsere Betten waren aus Eisengestellen. Es waren alles gebrauchte Sachen. Da wir nun durch die Arbeitsstelle von Vater und meiner Akkordarbeit etwas Geld über hatten, konnten wir uns nach und nach Möbel und Hausrat kaufen. 1955 zogen wir in eine neue Wohnung. Die war in Lola in der Poststraße bei Fahrrad Frank. Meine Mutter fand dann auch Arbeit bei der Firma Bürsten-Schmidt und später bei der Firma Nier. 1957 hatten wir etwas Geld gespart und meine Eltern konnten in der Stormstraße in kleines Reihenhaus kaufen. Meine Eltern hatten schon den Kaufvertrag unterschrieben, da schlug das Schicksal abermals zu. Mein Vater wurde unheilbar krank und wir mussten den Kauf rückgängig machen. 1962 ist mein Vater dann verstorben. Meine Mutter hat bis zu ihrer Rente bei der Firma Nier schwer gearbeitet. Ich habe noch 25 Jahre in Hohenlockstedt gelebt. Dort habe ich geheiratet und meine vier Kinder bekommen. 1976 habe ich mich dann selbständig gemacht mit meinem Imbiss in der Kieler Straße und später in der Breiten Straße. Ich war 25 Jahre selbständig und heute bin ich 65 Jahre alt und Rentnerin. Heute lebe ich in Wacken und ich liebe Schleswig-Holstein. Meine alte Heimat Thüringen besuche ich noch immer gerne, auch meine Schulkameradin.

Es hat lange gedauert, bis sich mein Heimweh nach Thüringen gelegt hat. Aber ich kann ja jederzeit dort hinfahren.

(Foto: privat)

Erschienen im Band VIII der „Frauengeschichte – Frauenge-schichten im Kreis Steinburg. Herausgeberin: Mädchen- und Frauenverein Donna Doria e.V.

Von Auufer in den Buckingham-Palace

Anne-Lore Davison, geb. Spiekermann

Da stand sie nun, Mutter Anne, mit ihrer ¾ Jahre alten Tochter Anne-Lore auf dem Arm und schaute in die Grube, in der man soeben ihren Mann, Lores Vater, zur ewigen Ruhe gebettet hatte. Das Jahr 1927 schien für die junge Frau nicht gut zu enden. In der Kirche konnten die Chormitglieder nur mit äußerster Konzentration ihre Lieder singen, denn die Tränen rannen ihnen aus den Augen bei so viel Traurigkeit. Denn Lores Vater war an einer Schrumpfniere gestorben, 22 Jahre jung und noch voller Pläne für sein weiteres Leben. Damals gab es noch keine Dialyse oder Spendernieren.

Diese Geschichte hat sich zugetragen im Örtchen Stolpe, nahe Neumünster.

Doch das Leben geht eben wie immer weiter! Lore kam zu den Großeltern nach Auufer bei Kellinghusen in Obhut, denn die Mutter musste ja nun arbeiten. Eingeschult wurde Lore dann 1933 in Wittenbergen. Der tägliche Schulweg ging über den sogenannten „Schuldeich", und die damals gewonnenen kleinen Schulfreundinnen behielt Lore ihr ganzes Leben lang.

Nach etwa acht Jahren heiratete die Mutter ein zweites Mal. Der neue Vater war von Beruf Schneider. Lore zog nun nach Kellinghusen und bekam dann ein Jahr später eine kleine Schwester. Der „Stiefvater" war ein kluger Mann, behandelte beide Töchter gleich und wurde für die Mädchen der liebste Vater der Welt. Er hatte für alles Verständnis - die Mutter nicht immer!

Nach der Schule begann Lore eine Lehre als Stenotypistin in Itzehoe bei Gruner & Sohn (dann Gruner + Jahr und heute Prinovis). Sie war sehr fleißig, sprach sehr gut Englisch und lernte sowieso gerne. Nach der Lehre machte sie das sogenannte „Pflichtjahr" in einem landwirtschaftlichen Haushalt, ihre Arbeit wurde aber auch auf die Stallungen und das Vieh ausgedehnt, denn der Krieg hatte die Knechte längst „eingezogen". So war das damals.

Lore wurde auch „verpflichtet", und musste als Flakwaffenhelferin in einem Büro im Allgäu arbeiten. Aber das ist eine andere Geschichte.

Dann, nach ihrer Rückkehr aus Bayern, die mit etlichen Schwierigkeiten verbunden war, wurde sie von der englischen Besatzung angefordert als Übersetzerin.

Während dieser Arbeit lernte sie ihren späteren Mann, Edward, kennen. Er war ein hoher Offizier und wurde oft in andere Garnisonen versetzt. So kam er auch nach Detmold. Lore ging mit ihm, arbeitete in seinem Büro und heiratete 1947 in der großen Kirche zu Detmold. Auch Margaret, ihre älteste Tochter wurde in Detmold geboren. Bald darauf musste Edward nach England zurück, um die Ausbildungen einer Elite-Einheit zu überwachen. Er nahm Lore und Margaret mit zu seiner Familie, die zu ihnen sehr herzlich waren. Wir wissen, das englische Volk an sich, hatte den Krieg noch in schlechter Erinnerung und Lore bekam das auch zu spüren – wen wundert es? Doch auch diese Zeit ging vorbei. Nach ca. einem halben Jahr wurde sie vom hohen „Gericht von England" angefordert, um dort Übersetzungen zu fertigen. Das hat sie dann über viele Jahre mit viel Freude an der Arbeit getan. Als Edward aus dem Militärdienst ausscheiden durfte, konnte er sofort in seinem erlernten Beruf als „Schiffsmanager" weiterarbeiten.

Die Familie vergrößerte sich, es wurden noch zwei Mädchen und ein Sohn geboren. Nach dem Ableben seines Onkels und der Tante erbte Edward ein Haus und sehr viel Geld. Dadurch konnte er sein eigenes Vermögen sehr klug und vorausschauend dann erheblich vermehren. Er kaufte Aktien, stieg bei der Firma P & O - bei North-Sea-Ferries - ein und wurde dort Frachtmanager für die Schiffe und Fähren zwischen dem Kontinent und England. Zwei seiner Fähren wurden während des Falklandkrieges eingezogen. Eins als Versorgungsschiff, das andere als Lazarettschiff. Auf den Decks wurden Plattformen für Helikopter angebracht.

Nach der Rückkehr aus Falkland wurden Lore und Edward von der Königin Elisabeth II. eingeladen zur Gartenparty in den Buckingham-Palace. Das Datum 23. Juli 1985 wurde somit zu einer großen Bedeutung für das Ehepaar. Sicherlich ging es dabei auch um eine Anerkennung der geleisteten Arbeit für das Vaterland.

Die Einladungen kommen von Lord Chamberlain höchstpersönlich aus dem Sankt-James-Palace. Das war eine große Ehre für sie beide.

Es lag ganz klar auf der Hand - sie rief bei ihrer „kleinen Schwester" in Deutschland an - „Was rätst du mir anzuziehen?" Eine Grundgarderobe war vorgeschrieben vom Palast. Herren: In dunkler Hose, graues Jackett, grauer Zylinder und Spazierstock mit Silberknauf und Handschuhe. Damen: Nachmittagskleid, Hut, Handschuhe. Das ist dann ein typisches Frauengespräch, denn alles sollte korrekt sein.

Aber bevor sie sich dann entschied, hatte sie sämtliche Boutiquen und Modehäuser in der Grafschaft Yorkshire durchkämmt. Lore wählte ein Kleid in Champagnerfarbe und das Zubehör, wie Hut, Tasche und Schuhe, farblich wie roter Klee und weiße Handschuhe. Damit war sie perfekt gekleidet.

Dann kam der große Tag. Beide waren Tags vorher nach London gefahren, übernachteten bei Lores Kusine und wurden von dort mit einem Palasttaxi abgeholt. Sie durchquerten viele Gänge und Säle im Palast und wurden dann auf eine herrliche Außenterrasse geführt mit Tischen und Sitzgelegenheiten für ca. 120 bis 150 Personen. Im Garten, wo sie sich frei bewegen konnten, blühten in großen Rabatten Rosen und Lavendel. Zwei große Teiche waren vorhanden mit Enten und Flamingos. In der Anlage waren weit voneinander entfernt zwei Musikkapellen aufgebaut, es gab Bänke zum Verweilen. Hier trafen sie auch einige Bekannte, z. B. den Bischof von Hull, Don Smelgrowe,

Thery Whites, den jungen Mann aus Amerika, der mit Filme zu tun hat, den Sänger Bruce Springsteen und noch viele Persönlichkeiten, mit denen Edward oft zu tun hatte.

Alle wurden von ihrer Majestät der Queen Elisabeth II höchstpersönlich begrüßt und sie ließ sich viel Zeit für jeden von ihnen. Dann wurde ein großes Büfett eröffnet, wie man es in England zum Fünfuhrtee kennt. Unter einem Zeltdach waren alle Herrlichkeiten der Köche aufgetischt. Brot, Fleisch, Käse, Eier, Kuchen, Eis, Tee und Kaffee, Pasteten, Fisch, Cocktails, alles, was man sich nur denken kann. Alle, die sich bereits kannten, saßen auch zusammen zum Plaudern.

Die Mitglieder der Königlichen Familie begrüßten die Gäste, darunter waren: Der Herzog von Edinburgh, Prinz Philipp, Queen Mum, Prinzessin Margaret, ihre Kinder, Prinzessin Diana, Prinz Charles, seine Brüder Edward und Andrew, Herzog und Herzogin von Kent, Earl of Spencer, der Vater von Prinzessin Diana, Prinzessin Anne und Familie.

Ein solcher Tag prägt das Leben, aber Lore und Edward hatten auch schon vorher Kontakt zur Königlichen Familie gehabt. Mit Prinzessin Margaret und Prinzessin Anne zum Beispiel, bei irgendwelchen offiziellen Eröffnungen, die aber immer mit Schiffen zu tun hatten.

Aber das Leben schreibt eben auch solche Geschichten – und diese besondere muss man neidlos anerkennen!

So schwer der Anfang des Lebens eines kleinen Mädchens aus dem Dorf Auufer auch war, auf welches bevorzugte Leben kann sie nun zurückschauen. Sie hat große Reisen per Schiff und Flugzeug gemacht, war am Amazonas, genau wie in den Arabischen Emiraten zu Gast, in Indien und auf großen Kreuzfahrten mit der Canberra, zum Nordkap oder durch den Bosporus ins Schwarze Meer. Eigentlich war sie fast überall. Ihr Mann hielt Vorträge über Sicherheit im Seewesen und damit verbundene Versicherungen.

Edward war glücklich, wenn Lore ihn begleitete. Auch ich, die kleine Schwester, habe oft davon profitieren können. Wir bekamen sehr oft Einladungen nach Amsterdam, Hamburg, zu Festen oder auch zu den Werften nach Bremerhaven, wo die Schiffsneubauten der Fähren überwacht wurden.

Ein kleines Mädchen, bei den Großeltern in Auufer aufgewachsen, ist reichlich vom Leben beschenkt worden.

Trotzdem ist sie so geblieben, wie sie von der Familie geprägt wurde: Ordentlich, bescheiden und nie überheblich. Dieser Vorzug zeichnet sie heute noch aus.

Verantwortlich für diese Beschreibung ist: Elke Dammann, die „kleine" Schwester aus Kellinghusen.

Einladung aus dem Palast der Königin von England

Mrs Edward Davison O.B.E.

11, St Nicholas Drive

Hornsea

North Humberside

Hu 18 1EW.

Lord Chamberlain

Die Einladung kam aus dem St.James Palast
An Mr. and Mrs. (Annelore Elise) Davison

The Lord Chamberlain is
commanded by Her Majesty to invite

Mr and Mrs Edward Davison

to a Garden Party at Buckingham Palace
on Tuesday, 23rd July, 1985 from 4 to 6 p.m.

Morning Dress, Uniform or Lounge Suit

Aufgeschrieben von Elke Dammann, Kellinghusen

Elfriede Kiewski - Malerin aus Passion

Ruhig, mit ausdrucksvollen gelb-braunen Augen, ruht der Blick eines lebensgroßen Uhus auf mir als Betrachterin. Ein Bild, gemalt von Elfriede Kiewski; eines von vielen, das in ihrer Wohnung in Itzehoe dichtgedrängt an den Wänden hängt.

Fröhlich, ja geradezu strahlend dagegen die Augen von Frau Kiewski, die ich gebeten habe, einiges aus ihrem Leben als Künstlerin, Ehefrau und Mutter zu erzählen. In ihrem Prospekt, das auch auf unserer Frauenmesse in Schenefeld auslag, steht zu lesen. „Die Malerin Elfriede Kiewski wurde 1928 in Münsterdorf, Kreis Steinburg (Schleswig-Holstein) geboren. Seit ihrer Schulzeit malt sie im klassisch-naiven Stil. Sie verwendet nur Ölfarben, die sie dick auf Leinwand, Pressholzplatten oder Sperrholzplatten aufträgt. Ihre Bildaussagen beziehen sich auf alle Lebensbereiche. Selbst Mutter von 4 Kindern, verarbeitet sie bis Ende der 70er Jahre in ihren naiven Bildern das Leben von Familien mit Kindern und Tieren, in Stadt und Land. Das alles in buntesten Farben und meist in fröhlicher Stimmung. Bei fast allen Wettbewerben der naiven Malerei erhält sie einen Preis.

Anfang der 80er Jahre entwickelt sich ihr Malstil zum akademischen Realismus. In diesen Jahren finden ihre Blumenbilder besonderen Anklang. Auch Tierbilder, Waldtiere, Pferde, Katzen, Hunde und selten gewordene Greifvögel und Nachtvögel entstehen in dieser Schaffensperiode. Ab Mitte der 80er Jahre verändert sich der Malstil von Elfriede Kiewski hin zum sanften Impressionismus. Ihre Blumenbilder, besonders Sonnenblumen, lassen diese Entwicklung erkennen. Seit 1987 kopiert die Malerin Bilder des Surrealisten Dali und entwickelt eine eigene Liebe zu diesem Malstil. Eigene surrealistische Werke entstehen, z. B. „Dalis Tod", „Mohn", „Zeitmensch".

Diese neuen Werke zeigen einen eigenwilligen, surrealistischen Stil, der durch große Detailfreude gekennzeichnet ist, es scheint der Malerin zu gelingen, ihren Gemälden eine gewisse Dreidimensionalität einzuarbeiten. Dadurch unterscheidet sich ihr Malstil von zeitgenössischen Surrealisten. Ihre Themen bezieht sie aus dem sozialkritischen Bereich ihres Umfeldes.

Durch das aktive Schaffen der Malerin, die mit ihren Ölgemälden viele Bilder- und Kunstfreunde erreicht hat, haben sich die Werke der Elfriede Kiewski bereits in ganz Deutschland durchsetzen können."

Dieser Prospekt hatte mich natürlich neugierig gemacht, gehört es doch zu meinen Aufgaben, Frauengeschichten aus dem Kreis Steinburg aufzuspüren. Ich bitte Frau Kiewski, über ihre Kindheit zu berichten und nun sprudelt es aus dieser fröhlichen, energievollen Frau nur so heraus. Acht Geschwister waren sie zu Hause, drei Jungen und fünf Mädchen. Vier Jahre hat sie in Münsterdorf gelebt und vier Jahre im Bahnhof des Dorfes Kremperheide. Sie wurden in zwei Klassen unterrichtet und sie erzählt mir von ihrem Lehrer Herrn Schöning, der ihr Talent während der Schulzeit erkannt hat. Er bat sie, ein Bild mit einem Ostermotiv in der Schule zu lassen und gab ihr dafür die

Note 2. Dieses Bild ist leider nicht mehr in dem Besitz von Frau Kiewski.

Von 1943 bis 1947 hat sie als Beiköchin im Ratskeller in Glückstadt gearbeitet. Danach ist sie als Kindermädchen nach Bayern gegangen. „In meiner Familie war einer für den anderen da", sagt Frau Kiewski, „und das gilt heute auch noch". Der Bruder in Kanada malt auch, erzählt Frau Kiewski, zwei Schwestern haben nach England geheiratet und jetzt macht sie einen großen Bogen zurück in ihre Kindheit und berichtet, dass sie eigentlich ausschließlich in der Umgebung Münsterdorf und Kremperheide aufgewachsen ist.

Im Übrigen war sie Omas Kind! Die Großeltern haben im Nachbarhaus gelebt und so hat sie sich von klein auf an schon eng an ihre Oma angelehnt. Die Oma hatte noch ein sogenanntes gutes Zimmer, und wenn die kleine Elfriede zu Besuch war, durfte sie in dem guten Zimmer mit dem Korb-Puppenwagen spielen, aber nur wenn Oma dabei war. Ihre jüngeren Schwestern, Hilde und Thea, haben sie dafür sehr bewundert. Frau Kiewski erinnert sich, dass die Oma sehr fromm gewesen ist und sie berichtet, dass sie in dem Familiengrab in Münsterdorf beigesetzt wurde.

Eine andere Begebenheit erzählt sie mir: die Kinderlandverschickung nach Sachsen/Werdau. Sie kann sich noch gut erinnern, dass sie mit dem Raddampfer von Lauenburg nach Dresden fahren musste und keine Lederschuhe besaß. Es war nass und regnerisch und das war für sie sehr schlimm. Ihre Pflegeeltern, bei denen sie übers Wochenende lebte, sorgten dafür, dass das kleine Mädchen neue Schuhe bekam. Die Eltern haben die Begabung der kleinen Elfriede nicht so registriert. Sie meint selbst, dass sie keine schlechte Schulbildung gehabt hat, sie ist damit zufrieden und war auch damit zufrieden, als sie als Kochlehrling und sogenannte „Kochstütze" unter Anleitung einer Chefin Arbeit fand. 30,- DM gab es damals als Lehrlingslohn.

1950 hat Elfriede Kiewski geheiratet. Genau wie ihr Vater war auch ihr Ehemann bei der Bahn beschäftigt, genauer gesagt, er war bei der Bahnpolizei und fuhr die Strecke Itzehoe - Glückstadt. Da sie des Öfteren mit ihren Schwestern zum Einkaufen nach Itzehoe mit der Bahn fuhr, begegnete ihr der junge Bahnpolizist und es war Liebe auf den ersten Blick. Mit 21 Jahren hat sie geheiratet und ist Mutter von zwei Söhnen und zwei Töchtern geworden.

Auch bei ihren Kindern ist die Begabung für kreative Arbeiten vererbt worden. Durch ihre Rolle als Ehefrau und Mutter war zunächst einmal mit dem Malen Schluss. „Ich hatte ganz andere Aufgaben", sagte Frau Kiewski, „denn mein Mann war ein Zauberkünstler. Er war Magier und Illusionist und nannte sich „Kibuba" (Kiewski-bundes-bahn), und da ich seine Assistentin war, musste ich ja mitmachen." Das tat Elfriede Kiewski wirklich gerne.

Sobald die Kinder aus dem Gröbsten heraus waren, konnte sich die Künstlerin auch wieder ihrem Hobby widmen.

Sie holt für mich einen Ordner aus dem Schrank und zeigt mir die wohlsortierten Zeitungsausschnitte über die Veranstaltungen ihres Mannes. In der Zeit von 1963 bis 1975 ging die Familie in den Schwarzwald nach Schramberg und lebte dort in einem Eisenbahnerhaus. Dieser Umzug sollte dem Ehemann und seinem Asthmaleiden gut tun. Aber Schleswig-Holstein und auch das Malen wurden nie vergessen. So zog das Heimweh sie 1975 nach Itzehoe zurück und dort bezogen sie eine Wohnung in der Hermann-Hofmeister-Straße.

Elfriede Kiewski verbesserte ihre Routine und Fertigkeit und nahm die ersten privaten Aufträge für Bilder an. Sie lässt sich, wie sie selber sagt, lange Zeit für ihre Malerei. Manches Mal dauert ein Bild einen Monat. Sie malt Aquarelle und Ölbilder, wobei ihr das Malen mit Öl am meisten liegt. Sie hat in ihren Phantasiebildern einen ganz eigenen Stil entwickelt und so gibt es in ihrem Bekanntenkreis, in ihrer Familie aber auch in der Dietrich-Bonhöfer-Gemeinde Bilder, die mit ihrer frischen Ausdruckskraft auch anderen Menschen Freude machen.

876 Bilder hat Frau Kiewski gemalt. Ich durfte mir einen kleinen Eindruck verschaffen und Frau Kiewski verehrte mir ein Bild mit meinem Konterfei. Nicht nur den Dietrich Bonhöffer hat sie in Öl gemalt, darüber hinaus ist sie in der Gemeinde auch heute noch aktiv ehrenamtlich tätig und zwar im „Helferkreis" und im Frauenchor.

Diese ehrenamtliche Arbeit, die sie mehr als Bereicherung empfindet, macht ihr sehr viel Freude.

Der Tod ihres geliebten Mannes, der 1981 gestorben ist, hat sie schwer getroffen. Mit ihren Phantasiebildern und der Aufarbeitung dieser schmerzlichen Trennung hat Elfriede Kiewski eine neue Aufgabe gefunden. Sie hat es sich zur Aufgabe gemacht, die Bilder des Surrealisten Dali zu kopieren und dabei ihren ganz eigenen Stil zu entwickeln. Vier Jahre nach dem Tod ihres Mannes stellte sich ihr Lebensmut wieder ein und sie konnte mit einem ganz besonderem Bild, auf dem ein Mann mit einem Zauberstock und eine schwarze Witwe zu sehen sind, diesen Lebensabschnitt für sich verarbeiten. Überhaupt hat sich Frau Kiewski vieles von der Seele gemalt, wie sie sagt.

Ob sie sich als Frau von Männern bedroht fühlte oder als Witwe einsam war, immer hat sie mit ihren Bildern auch ihre Seele ausgedrückt. „Man geht mit den Blumen mit und stellt sich vor wie sie blühen", sagt Frau Kiewski. Gerne malt sie aber auch die Kirche von Itzehoe und das historische Rathaus der Stadt Itzehoe oder andere Landschaftsbilder. Die Freude am Schaffen ist bei Frau Kiewski ungebrochen. Die Liebe zu ihren Mitmenschen auch. Wir dürfen auf ihre nächsten Ausstellungen gespannt sein.

Das Gespräch führte im Jahr 2000 (in gemütlicher, liebevoller Atmosphäre) Jutta Ohl mit Elfriede Kiewski.

2019 erhielt ich von Elfriede Kiewski eine fünfseitige, eng geschriebene Zusammenfassung ihrer Ausstellungen und über ein halbes Jahrhundert Malen. Das fügt sich ja gut, fanden wir beide. Daraus möchte ich nun zur Ergänzung einiges zitieren. Sie schreibt unter anderem:

„1970 schenkte mir mein Schwager einen Kasten mit Ölfarben und das komplette Equipment für die Ölmalerei. Er selbst hatte nach einem ersten Versuch das Malen aufgegeben. Ich hatte bis dahin vorwiegend mit Acrylfarben und Buntstiften gearbeitet. Die farbkräftigen Ölfarben bereiteten mit großer Freude und motivierten mich zum Start meiner Karriere als Kunstmalerin.

1971 nahm ich an einem Malwettbewerb der Zeitschrift „Wochenend" teil. Aus den über tausend Einsendungen wurden 170 Bilder ausgewählt. Für mein Bild, mein Mann als Zauberkünstler, bekam ich zwar keinen Preis, dafür aber die Aufmerksamkeit des bekannten Schriftstellers und Kunstsammlers Rolf Italiaander, Gründer des Museums „Museum Rade im Naturpark Oberalster" bei Hamburg. Er erwarb das Bild für sein Museum. Außerdem legte er mir nahe, an einem Malwettbewerb zum Thema „jenseits der deutsch-deutschen Grenze" teilzunehmen. Die Ausstellung fand in seinem Museum statt und es wurde ein Buch zu diesem Thema veröffentlicht. 46 Bilder wurden für das Buch ausgesucht und zwei meiner Bilder wurden mit ausgewählt. „Lyck im Winter" und „Schiff auf dem Oberländischen Kanal". „Lyck im Winter „druckte der Weidling Verlag 1993 als Weihnachtskartenmotiv. In der Fernsehzeitung „HÖR ZU" erschien unter der Rubrik „Original und Fälschung" am 24.01.1981 mein Bild „Schiff auf dem Oberländischen Kanal".
….

….. 1981 absolvierte ich einen Malkurs an der Volkshochschule Itzehoe. Mein Lehrer war der bekannte Kunstmaler Hans Bohns. Von ihm habe ich viel gelernt, vor allem seine Technik für das Mischen der Farben war für mich sehr wichtig. Ich gehe gerne ins Theater, besonders zu den Komödien der „Itzehoer Speeldeel". Voller Bewunderung war ich immer von den Bühnenbildern, die von Hans Bohn gemalt wurden. Durch seinen Malkurs haben meine Landschaftsbilder viel von seinem Stil angenommen. … 1973 war ich bei der Ausstellung „Freizeitkunst" in Rottweil, an der sich 108 Hobbykünstler beteiligten, mit zwölf Bildern vertreten. Alle meine teilnehmenden Bilder wurden bei dieser Ausstellung verkauft. Zur Eröffnung war auch das Fernsehen dabei. Einer der Fernsehleute kam nach der Eröffnung zu uns nach Haus, da er meine Einwilligung brauchte, um mein Bild „Kinder an der Stör" noch am selben Abend mit nach Hause nehmen zu können. …. Meine erste eigene Ausstellung im Norden fand 1976 in der Verbandssparkasse in Glückstadt statt. Vom 11.bis zum 25.September 1977 veranstaltete der Künstlerbund Steinburg in Itzehoe auf dem „Malerboden Große Paaschburg" seine dritte juryfreie Ausstellung. Jeder der bildnerisch tätig ist, war eingeladen, sich daran zu beteiligen. Bis zu fünf Arbeiten konnte man einsenden. Für mich war es eine besondere Freude, auch hier in Itzehoe meine Bilder zeigen zu können. Ebenfalls 1977 veranstaltete das Kultur- und Freizeitamt der Stadt Buxtehude eine Hobbyausstellung in der Halepaghen-Schule. Schulklassen sollten die Bilder benennen, die sie für den Ankauf durch die Kommune für würdig hielten. Die

Kinder wählten mein Bild „Jahrmarkt" und ich bekam den ersten Preis. Das Bild wurde von der Stadt Buxtehude erworben, es wurde auch im Fernsehen gezeigt. …..

1989 veranstaltete die Zeitung „Hallo" einen Mal- und Fotowettbewerb zum Thema „Mein schönes Itzehoe". Die Bilder und Fotos wurden in der Schalterhalle der Sparkasse am Dithmarscher Platz ausgestellt. Während der Öffnungszeiten konnten die Besucher die Bilder und Fotos bewerten. Meine Bilder belegten den 4. Und 5. Platz. Die Zeitung „Hallo" machte 1991 einen weiteren Wettbewerb. Dieser Wettbewerb wurde anlässlich der Glückstädter Matjeswochen eröffnet. Das Thema war: „Mein schönes Glückstadt". In der Sparkassenfiliale Glückstadt-Krempe am Fleth hatte ebenfalls jeder Besucher der Ausstellung die Möglichkeiten seinen Favoriten unter den Werken auszuwählen und zu bewerten. Mein Bild „Umzug der Musikkapelle" gewann den ersten Preis.

1997 lernte ich Jutta Ohl, die Gleichstellungsbeauftragte, kennen. Sie war die Herausgeberin einer Reihe von Dokumentationsbüchern zum Thema „Frauengeschichten aus dem Kreis Steinburg"! Im Buch Nr. 5 schrieb sie über mein Leben und meine Malerei. Das war für mich eine große Ehre und machte mich unendlich stolz. Von da an nahm ich auch regelmäßig an ihrem Präsentationstag „Stell dein Licht nicht unter den Scheffel" teil. Jedes Jahr im März fand diese Frauenmesse statt. Es gab Künstler, Maler, Vorführungen, Informationen, Bastelarbeiten und viel Unterhaltung. Schenefeld, Itzehoe, Wilster, Brokstedt, Krempe, Lägerdorf und Glückstadt. In diesen Städten war ich jedes Jahr mit meinen Bildern dabei. In der Zeitung stand: „Eine mutige Frau sagt Tschüss", als Jutta Ohl in Rente ging. Ich selbst kann mich nur vielmals bedanken dafür, dass ich bei den Ausstellungen immer dabei sein durfte.

Die Norddeutsche Rundschau rief dazu auf, Bilder für einen guten Zweck zu stiften. Die Bilder sollten im Glückstädter „Quasi non Possidentes" unter den Hammer kommen. Der Erlös ging an den Hospizdienst, der in Itzehoe und Glückstadt ehrenamtlich tätig ist. Mein gespendetes Landschaftsbild wurde für den guten Zweck verkauft.

Meine eigene Ausstellung „30 Jahre Malen und Ausstellungen" fand in der Meldorfer Schule „Wendepunkt" statt, vom 06.Juli bis zum 15. Oktober. Zur Eröffnung waren meine Kinder und Enkelkinder, einige Nachbarn, Freunde und Bekannte gekommen. Auch der Dietrich Bonhoeffer Chor. Leider besteht unser Kirchenchor nicht mehr, wir waren zu wenige Frauen geworden.

Die Ausstellung „Senioren schaffen Schönes" fand zum letzten Mal statt und zwar im Hotel Mercure im Stadtteil Klosterforst in Itzehoe. Zum Beginn gab es eine Andacht mit Pastor Kah. 50 Austeller zeigten ihr Können. Drei Stücke seiner Kunstfertigkeit konnte jeder präsentieren.

Ich war zum zweiten Mal der dabei. Frau Marga Behrmann, Ideengeberin der Veranstaltung, war mit dem Tag sehr zufrieden.

Zwanzig Jahre war ich in unserer Gemeinde beim Helferkreis und neunzehn Jahre Mitglied in unserem Dietrich Bonhoeffer Kirchenchor. Wir fühlten uns wie eine große Familie. Aus diesem Gefühl heraus malte ich ein Portrait von Dietrich Bonhoeffer. Sein Bild hängt nun schon einige Jahre im Aufenthaltsraum.

Elfriede Kiewski und Jutta Ohl

(Fotos: privat)

ELFRIEDE KIEWSKI

Malerin aus Passion

Vom Kochen zur „Küchenmeisterey" und zur Köchin!

Welche Hausfrau hat nicht schon einmal Kochrezepte gesammelt oder ausgeschnitten und ausgetauscht?

Hausarbeit ist immer noch überwiegend (Haus) Frauenarbeit. Dass sich an diesen Einteilungen nichts geändert hat, auch wenn Mann und Frau berufstätig sind, zeigt die Zählebigkeit tradierter und gelernter Rollen und die Notwendigkeit, u. a. durch eine vom Kindergartenalter an geänderte Erziehung, Mädchen zu lehren, die Teilung zu fordern, und Jungen, ihren Teil zu lernen und zu übernehmen.

Nach einer Umfrage aus den Jahren 1983 und 1984 hat sich nur beim Einkaufen Entscheidendes zugunsten der Frauen geändert. Nach Spülen, Fensterputzen oder gar Bügeln wurde 1991/1992 schon gar nicht mehr gefragt, handelt es sich hierbei doch um Arbeiten, die Männer zu 90 bis 100 % meiden. Nun sehen die meisten Menschen offenbar gar keine Notwendigkeit für eine andere Arbeitsteilung. Denn in Partner/innen-Haushalten sind verständlicherweise fast alle Männer mit der ungleichen Verteilung von Hausarbeit zufrieden, aber überraschenderweise auch 88 % der Frauen. Obwohl das Wort „Hausarbeit" durchaus geläufig ist, kommt es in den meisten Lexika nicht vor, scheinen Hausfrauen nicht zu arbeiten: Sie leisten Dienste, übernehmen Aufgaben in Haushalt, Familie und Kindererziehung, ver- und umsorgen Mann und Kinder, pflegen

Kranke und Alte. Und noch in dem Wort Doppelbelastung verschwindet, dass erwerbstätige Frauen und Mütter doppelt arbeiten. In diesen Sprachregelungen wird nicht nur das Wort „Arbeit" peinlich vermieden, sondern es zeigt sich auch, wie vielfältig die Arbeiten sind und dass Hausarbeit nicht von Erziehung und Liebesdiensten zu trennen ist.

Aus der amtlichen Statistik ist nicht zu entnehmen, wie viele Hausfrauen es in Deutschland gibt.

Hausarbeit ist vor allem auch Beziehungsarbeit; die Anforderung an Frauen, sich Mann und Kindern zu widmen, für sie zu sorgen, für alle ein Klima herzustellen, in dem sie sich wohl fühlen können, schafft zweifellos oft eine Überforderung und vor allem auch psychische Abhängigkeit. Für die Liebe und Fürsorge wird umgekehrt Dankbarkeit und Zuwendung erwartet. Ein Ausbleiben wird oftmals als eigenes Versagen gewertet und gegen sich selbst gerichtet.

Die Arbeit, die Frauen als Hausarbeit erbringen, ist unverzichtbar; die Form der Organisation in Millionen Einzelhaushalten nicht. Richtig ist aber auch, dass viele Hausfrauen Zufriedenheit mit ihrer Arbeit äußern. Die Arbeit selbst ist trotz aller Belastungen auch sicher abwechslungsreicher als manche nervenanspannende und aufreibende Arbeit in der Industrie, in Büros und Verwaltung. Kinder und das Zusammenleben mit ihnen bedeuten auch Bereicherung, Lernen, Erfahrungen, Einsichten, Befriedigung. Die Arbeit der Hausfrau ist vor allem Arbeit für andere. Sie hat sich nach den Bedürfnissen und Verpflichtungen der Familienmitglieder zu richten. Ihre Arbeitszeit- und Arbeitsplanung ist abhängig von den Arbeitszeiten und -bedingungen des Mannes, den wechselnden Schulzeiten der Kinder. Kleinkinder lassen sich nicht wie ein Haushalt rationell bewirtschaften. Hier fallen oft gleichzeitig sehr unterschiedliche Anforderung und entsprechend Fähigkeiten und Fertigkeiten an. Räumlich und zeitlich gibt es bei der Hausarbeit keine Trennung von Arbeits- und Freizeit. Feiertage und Ferien sind Freizeiten für Mann und Kinder und in der Regel Zeiten erhöhter Anforderung an die Frauen.

Trotz relativer Bewegungsfreiheit und mancher Flexibilität in der Zeiteinteilung ist Hausarbeit keine selbständige Arbeit; sie muss jeden Tag wiederholt werden, lässt sich nicht an einem Stück leisten. So ist die Arbeit der Hausfrauen auch oft eine isolierte Arbeitssituation.

Ein äußerst wichtiger Bestandteil der Hausarbeit ist das Kochen. Trotz „Fast food" und „Non food" und vieler bunter Kochbücher muss die Hausfrau ihre eigene Kreativität, ihre Begeisterung fürs Kochen und die Versorgung der Familie durch das Kochen für sich selber in ihre Hausarbeit einarbeiten.

Natürlich richtet sich das Kochen (und das was auf den Tisch kommt) oft nach dem Geldbeutel. Maria Silberkuhl-Schulte sagte schon 1928 in ihrem „Hauswirtschaftlichen Jahrbuch": *„Jeder Einkommensverkürzung des Mannes muss die Hausfrau mit vermehrter Arbeit entgegenwirken."*

Entgegen der bei den meisten Menschen fixierten Vorstellung, dass Küche und Kochen eine urweibliche Domäne sei, ist das tatsächliche Handwerk, der professionelle Beruf des Kochs, bis heute ein hauptsächlich männlicher. Im Gegensatz zum klassischen Rollenbild der für die Familie kochenden Mutter, stehen schon in der Antike der hochgerühmte Leibkoch – auch wenn er vom Status her oft genug auch nur Sklave war –, später der Mundkoch der Fürsten und der Hofkoch des Adels bis zum heute international gefeierten Küchenchef renommierter Gastronomiebetriebe. Also alles männliche Berufsbilder.

Auch die Küchen- und Kochwissenschaftler, die Berufsfeinschmecker, die ersten Kochbuchautoren vom römischen Apicius zum kurfürstlichen Mundkoch Marx Rumpolt (aus Mainz) – alles Männer! Sogar im Nibelungenlied ist der Küchenchef am Königshof zu Worms fast selbstverständlich ein Mann.

Ausnahmsweise einmal ein sympathischer, denn bevor Gunther, Gernot, Gieselher samt Onkel Hagen und unzähligen weiteren Spießgesellen zu Attillas Burg losreiten, wo sich dann der blutige Krieg vollziehen wird, hält dieser Koch seinen Herren eine eindringliche Rede, doch vernünftigerweise zu Hause zu bleiben. Und er lobt dabei auch die von ihm geleitete Burgküche aufs trefflichste. In Öl gebratene Schnitzel, meint er, seien doch mehr ein Grund, zu Haus zu bleiben, als der dubiosen Einladung Kriemhilds zu folgen. Und da er letztlich doch Recht behielt, scheint dieser Koch nicht nur ein guter Küchenchef, sondern ein Mann von Hausverstand gewesen zu sein.

Wäre da nicht das handschriftlich erhaltene Kochbuch der Philippine Welser, einer Augsburger Bürgerstochter aus dem 16. Jahrhundert, könnte man meinen, dass von der Antike übers Mittelalter bis in die heutige Zeit die Geschichte der Küche und Kochkunst eine männliche sein müsste. Philippine Welser, die Schlossherrin zu Ambrax bei Innsbruck, hatte den Erzherzog Ferdinand II., Statthalter von Tirol, geheiratet und viele hauswirtschaftliche Rezepte mit zierlicher Handschrift in meist schwäbischem Dialekt auf Einzelblätter niedergeschrieben.

Wie ähnlich ist das Sammeln und Niederschreiben von Kochrezepten doch auch in der heutigen Zeit. Nachdem erst Jahre nach der Hochzeit von Philippine Welser ihre Heirat vom Kaiser anerkannt und sie damit auch in den Adelsstand erhoben wurde, könnte man irrtümlich meinen, dieses später gebundene Kochbuch sei ebenfalls eine der zeitgenössischen adeligen Liebhabereien gewesen. Aber tatsächlich ist es der faktische Beweis von bürgerlicher Hausfrauentüchtigkeit, mit der die Welserin, nunmehr Markgräfin zu Burgau, das Schloss Ambrax verwaltete und bewirtschaftete. Obwohl durchaus anzunehmen ist, dass nicht sie selbst, sondern wieder einmal Männer in der Schlossküche gestanden sind.

Mittelalterliche Abbildungen zeigen bei der Küchenarbeit auch stets mehr Männer als Frauen um die großen gemauerten Herde herum, auf denen über offenem Feuer gebraten und gesotten wurde. Tatsächlich aber waren in den Schloss-, Burg- oder Klosterküchen mehr Frauen als Männer tätig. Denn während die Männer die körperliche Schwerarbeit am Herd leisteten – Kochkessel, Bratspieße, Räderwerke und Kettenzüge hatte große Dimensionen und viel Gewicht –, waren die Frauen an den Arbeitstischen, die rund um die Küche an den Wänden entlang aufgestellt waren, mit der Vorbereitung des Kochgutes beschäftigt. Die Küchenmägde waren ständig am Hacken, Rupfen, Auslesen, Wachen, Schälen und Schneiden. Eine Großküche des Mittelalters war kein angenehmer Arbeitsplatz. Meist in Kellergewölben angesiedelt, war sie ohne Fenster, also völlig lichtlos, hatte keine Entlüftungseinrichtungen, außer dem großen Rauchfang über dem offenen Herd und fließendes Wasser, höchstens an den steinernen Mauern herab.

Diese Küchen waren ständig voller Hitze, Lärm, Dampf und Dunst vom Herd und nur erleuchtet vom Flackern der Kochfeuer, von Kienspänen oder Fackeln an Wandhalterungen und vom Glühen zusammengeschobener Holzasche.

Uns würde schon interessieren, ob diese geradezu gespenstisch beleuchtete Küchenmaschinerie auch im Kreis Steinburg vorgefunden wurde und sie Außenstehenden genauso Schrecken eingeflößt hat. Bis heute ist ja die Redensart, in „Teufels Küche" zu kommen, erhalten geblieben.

Die Küchen der Bauernhöfe und der städtischen Bürgerhäuser arbeiteten nach demselben Prinzip. In der Mitte des Raumes stand ein gemauerter Kochherd, der meist in Tischhöhe, in einigen Gebieten aber auch nur wenig über den Fußboden erhöht, eine umfasste Fläche zum Entzünden offenen Feuers bot. In den Bauernhäusern zog der Rauch vom offenen Herd direkt unters Dachgebälk und von dort durch Luken im Dach ins Freie ab.

Diese bäuerliche „Rauchkuchel" war in den gemauerten Stadthäusern nur soweit anders, als über den Herd ein gemauerter Rauchfang in einen Kamin führte, so dass der Rauch des Kochfeuers über Schornsteine ins Freie ging. Und auch diese Küchen waren lichtlos, rußig und voll Asche.

In den Bauernhöfen und in den Stadthäusern standen selbstverständlich Frauen am flackernden Herd. Nur in den ganz großen Patrizierhäusern oder den Stadtresidenzen des Adels waren männliche Köche am Werk. In den Handwerkerhäusern beaufsichtigten die Meisterinnen das weibliche Gesinde und legten selbst Hand an. Im bäuerlichen Bereich kochten entweder die Bäuerinnen mit Hilfe einer oder zweier Dirnen selbst, oder die Küche wurde von einer eigens bestellten Küchenmagd geführt. Die Oberaufsicht lag aber immer bei der Hausfrau selbst. Bis zur Mitte des 18. Jahrhunderts war also das Kochen geschlechtsspezifisch so verteilt, dass für den Adel und das reichste Bürgertum Männer die Oberaufsicht der Zubereitung der üppigen Tafeln innehatten, während für das Handwerk und den gesamten bäuerlichen Stand bis hinunter zu den ärmsten Familien Frauen den Kochlöffel führten.

Eine deutliche Verschiebung brachte das Ende des 18. Jahrhunderts.

Aus dem Bürgerstand der Handwerkszünfte und Gilden heraus war ein neues, wohlhabendes Bürgertum entstanden, dessen Reichtum auf der beginnenden Industrialisierung und dem internationalen Handels beruhte. Indirekt abzulesen ist dies auch darin, dass in der zweiten Hälfte des 18. Jahrhunderts plötzlich vermehrt in der Literatur Kochbücher auftauchten, die von Frauen geschrieben sind und die sich vor allem an die bürgerliche Küche wenden.

Auch wir haben in den „Frauengeschichten - Frauengeschichte des Kreises Steinburg" über Kochrezepte und Kochbücher bereits berichtet. Es war das Verdienst der Frauen im 18. Jahrhundert, die eine Schallmauer des elitären Kochbuchs „Vom Adel für den Adel" zum „Bürgerlichen Kochbuch für alle Stände" kochliterarisch durchbrochen haben.

Die Herrschaftsköchinnen selbst werden allerdings oftmals nicht in der Lage gewesen sein, die ausführlichen und informativen Werke auch zu lesen. Sie waren einfache Frauen von geringer Bildung, und Lesen und Schreiben hat sicher nicht zu ihren Stärken gehört. Das Schmökern in Kochbüchern wird wohl eher die Sache der Hausfrauen gewesen sein.

So soll auch das Kochbuch „Sonderausgabe mit Rezepten aus den Dörfern im Amt Kellinghusen-Land", gesammelt durch Elke Dammann aus Kellinghusen, einen Beitrag dazu leisten, zu schmökern und Kochrezepte am eigenen Herd (der Goldes wert ist) nachzukochen.

Das Lied der Köchin

Um den Herd herum die Köchin springt

und singt ein Lied, das komisch klingt.

Was soll sie denn kochen?

`s ist alles zerbrochen:

das Maß und die Pfanne,

das Glas und die Kanne, -

und was will ich kaufen,

es kost` einen Haufen:

der Weck und der Fladen,

der Speck und der Braten,

das Salz und das Mehl

und das Schmalz und das Oel

und die Eier und `s Feuer

sind heuer so teuer!

Und krieg` keinen Lohn -

ich lauf` noch davon!

Lesestoff für Kinder der 2. Klasse, 1928

Gelesene Texte aus „Das Weiber-Lexikon"

und aus „Frauenarbeit durch drei Jahrhunderte"

Veröffentlicht in Band IV / 2002

Zusammenstellung der Texte: Arbeitskreis „Frauengeschichte – Frauengeschichten im Kreis Steinburg" in Zusammenarbeit mit dem Mädchen- und Frauenverein Donna Doria e.V.

Elke Dammann, Petra Hoffmann, Ute Kortüm, Jutta Ohl, Helga Thode

Von Wohnküchen-
Küchencockpits
Köchinnen und
Kochbüchern!

(Foto: privat)

(Foto: privat)

Emilie Franck, geb. Holzmann, aus Itzehoe

Ein Leben für „ihre" Schlachterei und die Familie
1872 - 1936

Diese Geschichte begann am 9. Mai 1872, als Emilie Holzmann in Stobrgkehlen, Kreis Darkehmen, (Ostpreußen) geboren wurde.

Ende der 1880er Jahre kam die junge Emilie mit ihrer Familie nach Hamburg, da die Angehörigen - wie derzeit viele andere Familien - nach Argentinien auswandern wollte. In Hamburg war jedoch vor der großen Abreise die Cholera ausgebrochen, so dass die Fahrt verschoben werden musste. Sie wurden alle zunächst nach Itzehoe verwiesen, weil es hier Industrie und damit auch Arbeitsmöglichkeiten gab.

Emilies späterer Ehemann, August Franck, wurde am 1. März 1866 in Hamburg-Poppenbüttel geboren. Hier hatte er das Schlachterhandwerk erlernt. Nach dem Militärdienst (drei Jahre) in Rendsburg, ging er, wie es damals der Brauch war, auf Wanderschaft. Sein Ziel war eigentlich Dänemark. Aber bereits in Itzehoe blieb er hängen und nahm eine Arbeit als einfacher Arbeiter in der Alsen'schen Zementfabrik an. Inzwischen hatte auch Emilie eine Arbeit in Itzehoe gefunden. So kam es dann: Emilie und August lernten sich kennen und lieben.

Emilies Eltern mit den sieben Geschwistern, konnten 1891 endlich ihre Auswanderungspläne nach Argentinien umsetzen, - ohne Emilie, die bei ihrem August in Itzehoe blieb. Sie war inzwischen 19 Jahre alt.

Bald meldete sich bei Emilie Nachwuchs an. Da ihre Eltern aber inzwischen in Argentinien waren und sie noch keine 21 - und damit noch nicht volljährig -, konnten Emilie und August noch nicht heiraten.

Am 04.08.1892 wurde Emilies erster Sohn Wilhelm geboren und erhielt den Familiennamen Holzmann, den Namen der Mutter.

Am 11. Februar 1893 konnte dann endlich geheiratet werden. Dem ersten Kind folgten dann die weiteren Kinder:

August (28.03.1894),

Emil (07.12.1895),

Helene (08.04.1898) und

Hermann (14.08.1899).

Emilies Ehemann August wurde inzwischen von Freunden gedrängt, doch seinen erlernten Beruf als Schlachter wieder aufzunehmen.

Fleischwolf per Hand bediente. In der Diele wurde ein provisorischer Laden eingerichtet. Im Garten wurde ein sogenannter „Eiskeller" in die Erde gebaut, um Fleisch bis zur Verarbeitung aufzubewaren. Am schwierigsten gestaltete sich der Verkauf der Ware. Hier war Emilie diejenige, die gefordert war. Unermüdlich nahm sie neben Haushaltsführung und Betreuung und Versorgung der nach und nach geborenen Kinder, täglich Kundenbestellungen auf und sorgte für die Auslieferung der Waren an die Hauptkundschaft in Schulenburg, am Kremper Weg und im Alsenskamp, und das alles zu Fuß.

Transportiert wurde die Ware in einer Art „Bauchladen" aus Holz vor dem Leib. Es war ein schwieriges Leben für die zwei, unter Bedingungen, die man sich heute gar nicht mehr vorstellen kann. Nach einiger Zeit war August dann auch recht mutlos und wollte eigentlich aufhören und wieder eine Fabrikarbeit annehmen.

Hier war es aber wieder Emilie, die August überzeugen konnte, weiterzumachen. Sie hatte eine unheimliche Energie, was sich dann einige Jahre später auch auszahlte. Zur Zeit der Gründung der kleinen Schlachterei in der Nordoer Straße, bestand am Kremper Weg 13 bereits eine Schlachterei. Diese ging in Konkurs und so ergab sich für Emilie und August die Gelegenheit, dort am 1. Oktober 1896 zunächst im Rahmen eines Pachtverhältnisses einzusteigen.

Und 1899, kurz vor der Geburt des Sohnes Hermann, konnten sie dann die Schlachterei käuflich erwerben. Hier waren Maschinen und Gebäude vorhanden, was die Arbeit erheblich erleichterte. Es war auch ein Eiskeller vorhanden, der im Winter mit Eis von den zugefrorenen Seen der Umgebung gefüllt wurde, so dass das Eis für die Kühlung der Waren bis in den August reichte. Danach wurde dazugekauftes Kunsteis verwendet. Arbeit für beide gab es zwar unverändert reichlich, aber es ging so manches doch etwas leichter. Mit der Zeit wuchs das Geschäft, aber auch die Familie wurde größer.

Mit den Söhnen Fritz (10.05.1900),

Ernst (26.07.1902),

Tochter Emilie (09.11.1903) und den Söhnen

Heinrich (14.03.1909) und

Hans (01.12.1911) war die Familie schließlich komplett.

Und auch der Fuhrpark der Schlachterei wurde langsam aufgebaut. Aus dem Bauchladen wurde zunächst die „Schottsche Karre", die von einem kräftigen Hund gezogen wurde.

Zu allem Glück blieb Emilie gesundheitlich stabil. Und so nach und nach bekam sie dann auch Hilfe und Entlastung durch die heranwachsenden Kinder, die auch schon sehr frühzeitig in der Schlachterei helfen mussten. Mit dem Wachsen der Schlachterei kam dann auch die Möglichkeit für Emilie, eine Hausangestellte zu beschäftigen.

August konnte nun tatsächlich manchmal Zeit für sein Hobby finden, er konnte ab und an mit Netzen in den Torfkuhlen der Umgebung fischen oder auch nur angeln. Das Geschäft wuchs inzwischen immer weiter. Man konnte insbesondere Räucherschinken an eine Firma in der Feldschmiede liefern und die aufstrebende Konsumgenossenschaft mit Frischwurst und Dauerwaren versorgen.

Das Geschäft wurde größer und größer. Emilie und August waren ein wenig stolz auf das, was sie aus kleinsten Anfängen geschaffen hatten. Emilie war nun hauptsächlich neben Haushalt und Kindern für den Laden zuständig.

Inzwischen waren auch Emilies Mutter und die jüngste Schwester Pauline, die ja nach Argentinien ausgewandert waren, nach Itzehoe zurückgekehrt. Sie konnten sich einfach nicht an das Leben in Südamerika gewöhnen. Ein schönes Zimmer bei ihren Kindern wurde für die Mutter eingerichtet und eine weitere Hilfe für die große Familie war nun vorhanden.

(Über die Schwester Pauline könnte man durchaus noch eine eigene Lebensgeschichte schreiben).

Nach der Geburt des letzten Sohnes Hans im Dezember 1911 lief das Leben eine Zeit lang mit viel Arbeit für alle in geregelten Bahnen.

Dann brauten sich über Europa nach und nach dunkle Wolken zusammen und am 2. August 1914 brach schließlich der Erste Weltkrieg aus. Der älteste Sohn war inzwischen bei der Marine, und 1915 wurden zwei weitere Söhne zum Kriegsdienst eingezogen. Es waren nun drei Söhne im Krieg, und im April 1918 wurde dann auch noch der nächste Sohn eingezogen. Dieser wurde im August schwer verletzt, verlor noch kurz vor Kriegsende am 09.11.1918 ein Bein. Nach Kriegsende waren alle Söhne wieder zu Hause, und bis auf einen Sohn hatten alle den Ersten Weltkrieg glimpflich überstanden.

Jetzt begann eine schwere Zeit für alle, gab es doch nach dem Krieg hohe Arbeitslosigkeit und wenig zum Essen. Es ging auch das Schlachtereigeschäft nicht sehr gut. Notgedrungen begann August eine Landwirtschaft mit eigenen Milchkühen. Das bedeutete für Emilie nun wieder neue Arbeit. Das hieß, frühmorgens um 4.30 Uhr aufstehen und die Tiere melken.

Inzwischen waren beide ja fast 50 Jahre alt, was zu der Zeit und unter den schwierigen Lebensumständen ein schon recht hohes Alter bedeutete. Bisher waren sie gesundheitlich sehr stabil gewesen, das änderte sich aber. Von einer notwendigen Darmoperation hat sich Emilie dann nie wieder so richtig erholt.

Es kamen die Jahre der Inflation, die schließlich mit der Einführung der Goldmark 1924 endete. In dieser Zeit und danach wurden auch die Kinder nach und nach flügge. Sie erlernten Berufe, zum Teil ebenfalls das Schlachterhandwerk, um dann später in der Schlachterei zu arbeiten und nach dem Tod der Eltern auch weiterzuführen. Der jüngste Sohn, der ebenfalls eine Schlachterlehre absolvierte, machte sich 1934 in Hamburg-Poppenbüttel mit einer eigenen Schlachterei selbständig. Hier war Emilie wieder gefordert, indem es ihr gelang, die erforderlichen Geldmittel zu beschaffen.

Foto aus dem Privatbesitz

Familie August und Emilie Franck 1916

(Foto: privat)

Emilie Franck baute nun gesundheitlich von Jahr zu Jahr weiter ab. Auch der Gesundheitszustand von August Franck verschlechterte sich ab Winter 1928. Die Ärzte konnten ihm nicht mehr helfen, so dass er schließlich am 11. April 1928 verstarb. Mit seinem Tod ging es wirtschaftlich in der Schlachterei bergab. Die Umsätze halbierten sich, was Emilie zusätzlich belastete. Insgesamt wurde die wirtschaftliche Situation immer schlechter.

1933 kam der politische Machtwechsel in Deutschland. Emilie wurde immer schwächer. Alle Kinder sorgten bis zuletzt rührend für sie, bis sie dann letztendlich am 15. Oktober 1936 im Alter von 64 Jahren an Altersschwäche verstarb. Drei der Söhne übernahmen die Schlachterei und führten sie bis zum Verkauf bis 1993 weiter.

Diese Geschichte wurde aufgeschrieben von
Emilie Bluhm, geb. Franck, Itzehoe

Zwischen Zelt und Villa

Erste Stammesführerin Sandra Ritter mit dem Namen „Okasan" im Stamm JANUS

Der Stamm „Janus" der Pfadfinder in Oldendorf kann sich rühmen, die erste weibliche Stammesführerin in seinen Reihen zu haben.

Was ist Janus-Power?

Janus Power ist, wenn einer der größten Stämme im kleinsten Ort zu Hause ist, und das seit 1971. Als der Stamm Störvögel zu groß wurde, trennten sich die Gruppen in Oldendorf ab und bildeten einen eigenen Stamm. Für den Stamm wurde der Name Janus gewählt. Janus ist ein römischer Gott – der die Tür, das Tor hütet. Er ist doppelgesichtig – wie die Tür, die nach drinnen und draußen weist. Und Janus ist ein Schutzgott allen Anfangs.

Sandra Ritter, geboren am 27. Mai 1985 (eine Zwillingsfrau – um 13.09 Uhr hat sie das Licht der Welt erblickt), kam durch eine Schulfreundin aus Oldendorf, mit sieben Jahren das erste Mal zu dem Stamm Janus in Oldendorf. Was machen kleine siebenjährige Mädchen sonst auf einem Dorf? Es zieht sie in den Turnverein – und das wollte Sandra Ritter auf keinen Fall. Der Stamm in Oldendorf hatte sich 1982 von den Itzehoer-Pfadfindern getrennt und hat jetzt 60 Mitglieder.

Da gefiel ihr doch eher der Gedanke, sich einem so interessanten Feld wie dem Bund der Pfadfinderinnen und Pfadfinder (BdP) anzuschließen. Sie genoss von Anfang an die kameradschaftliche Atmosphäre der Pfadfinder, sie fühlte sich gut unter gleichgesinnten Mädchen und Jungen und es machte ihr sehr viel Spaß, der Pfadfinderbewegung anzugehören.

Sieben Jahre jung, machte sie von Anfang an alles mit, ließ sich fordern und leiten und wuchs mit jedem Jahr mehr in die Verpflichtungen und Verantwortungen eines Pfadfinderstammes hinein. Heimweh kannte sie Gott sei Dank niemals – aber sie kann sich erinnern, das Mädchen oder Jungen schon mal von den Angehörigen abgeholt werden mussten, weil das Heimweh doch zu stark wurde. Da halfen dann auch die „Anti-Heimwehtabletten" - sprich Brausetabletten - nichts.

Besonders die Bundeslager waren für Sandra Ritter interessant. Hier galten die Pfadfindergesetze und das Pfadfinderversprechen vorrangig. Und auch das „Learning by doing" – dem Lernen durch Selbermachen hatte immer großen Stellenwert. Aus ihrem großen Fotoalbum über die unterschiedlichsten Fahrten zeigte sie voller Stolz die Plätze, auf der die Bundeslager errichtet wurden. Das waren richtige große Zeltlager, eigentlich Zeltstädte mit allem Drum und Dran. Alles musste aufgebaut und errichtet werden. Die Zuständigkeiten wie Abwaschen, Küchendienst, Müll sortieren und wegschaffen, für Holz und Zelte sorgen werden jeweils verteilt. Es wurden auch liebevolle kleine „Strafen" verhängt, wenn nicht ordnungsgemäß für die Gemeinschaft gearbeitet wurde.

Ob es auf eine Wanderschaft ging, eine Fortbildung anstand, oder ob es so einfache Sachen waren wie Jurte aufstellen, Essenkochen und Lebensmittel besorgen, Sandra packte alles an und machte sich bald unentbehrlich.

Einfach ??? Nein – einfach war das alles nicht. Aber es machte Spaß. Überwiegend gibt es in den Sommerlager Nudeln, Reis und Eintopf, auf gesunde Ernährung wird schon geachtet und auf besonders „krüsche" Kinder kann keine Rücksicht genommen werden. Vor jedem Sommerlager wird ein Elternabend durchgeführt, damit auf großer Vertrauensbasis die Eltern ihre Kinder in die Obhut der Stammesführer geben. Der Jahresbeitrag im BdP kostet 50,00 Euro, für Geschwisterkinder werden 45,00 bzw. 40,00 Euro erhoben.

Pfadfinder/innen zwischen 6-11 Jahre sind die sogenannten Wölflinge, von 11-13 Jahren ist man (Jung)-Pfadfinder, dann zwischen 14-16 Jahren Pfadfinder. Ranger/Rover oder Leiter kann man zwischen 16-25 Jahren werden und ab 21 Jahren Erwachsener Ranger/Rover oder Leiter. Der Bund Deutscher Pfadfinderinnen und Pfadfinder hat ca. 32.000 Mitglieder, insgesamt gibt es mehr als 250.000 Pfadfinder in Deutschland. Trotz der Unterteilung in „weibliche" und männliche" Verbände sind die Verbände mit einer Ausnahme koedukativ.

Gemischte Gruppen sind in diesen Lagern an der Tagesordnung, aber Mädchen sind pflegeleichter, wenn sie alleine sind, meint Sandra Ritter. Wenn sie für vier Tage ein Mädchenlager organisiert, ist es ihr besonders wichtig, dass Selbstbewusstsein der Mädchen zu stärken. Sie sollen sich mehr zutrauen und ihre Ängste überwinden lernen. Auch Liebesleid und Liebesfreud unter den Pfadfindern bleibt nicht aus. Da müssen dann Aufklärung und Kontrolle her, und das Rüstzeug hierfür wird auf Fortbildungen gelernt.

Besonders die Fortbildungen haben für Sandra Ritter eine Menge gebracht. Mehr Selbstbewusstsein, mehr Verantwortungsgefühl, mehr Vorbildfunktion. Die Regeln der Pfadfinder gilt es zu beachten und zu leben: Hilfsbereitschaft – Achtung – Freundschaft – Verantwortung.

Nicht ohne Grund bekam dann Sandra Ritter den Spitznamen OKASAN, was so viel bedeutet – wie Mama. Sie strahlt eine liebevolle Art aus, die gepaart mit Konsequenz den Jugendlichen gut tut.

Auch der Aufbau der Jurten und Kohten will gelernt sein. Die Jurte ist Wohnung, Versammlungsort und Kultstätte (Mongolei). Es handelt sich um eine zeltmäßige Behausung, sie ist in weniger als einer Stunde auf- und abgebaut, es sei denn, es „wird getrödelt oder endlos gequatscht!" Die Grundfläche einer Kohte kann ca. 11 qm sein, die Höhe ohne Seitenwand ca. 2 Meter. In der Mitte der Kohte kann auch ein kleines Feuer gemacht werden.

„Die Unterkünfte sehen auf allen Wanderungen unterschiedlich aus", berichtet Sandra, „von Zelt bis Villa war bisher alles dabei." „Wir haben in Scheunen ebenso übernachtet, wie in Ferienwohnungen, je nachdem was sich anbot und wer uns eine Übernachtung überließ! Das größte war aber die Übernachtung in einer richtigen Villa!"

Mit 15 Jahren wurde sie Gruppenleiterin und im Jahr 2000 belegte sie einen Kurs zur „Führung einer Sippe" in Norderstedt.

Aus ganz Schleswig-Holstein und Hamburg waren die Mädchen und Jungen zusammengekommen. Eine Woche mussten sie lernen und sich auf Wanderschaft begeben. Die Aufgaben – von Waschen bis zum Kochtopf und der Lebensmittelbeschaffung wurden verteilt und schon ging es los. Grundkenntnisse in erster Hilfe wurden erlernt und Kameradschaft gepflegt.

Auf dem Weg zur Volljährigkeit wuchs auch die Verantwortung. Sandra Ritter wurde Gruppenleiterin und dann Stammesführerin.

Ein weiteres „Highlight" war auch die Fahrt nach Blindlingsholm in Schweden im Jahr 2004. Drei Itzehoer Gruppen lebten zwei Wochen in einem Lager und begingen sich wieder auf Wanderschaft. Überhaupt der Kontakt mit anderen Jugendlichen aus anderen Ländern macht den Blick weit für die Unterschiedlichkeit der Menschen. In Japan sind Mädchen und Jungen streng getrennt und in Polen geht es bei den Pfadfindern noch recht militärisch zu.

Die beste Freundin Lea Heldt ist auch Stammesführerin, allerdings bei einem Stamm in Schleswig. Aber es gibt genügend Zeit, sich auszutauschen und gemeinsame Dinge zu unternehmen. Die nächste Herausforderung steht für Okasan bereits an. Im Sommer 2006 soll es nach Estland gehen. Ca. 200 Pfadfinder aus Schleswig-Holstein und Hamburg werden in zehn Tagen dieses großartige Land erkunden und sich ein Bild von dem Leben in Estland machen, dass nun auch zum Euroland gehört.

Was das besondere ist an einer weiblichen Stammesführerin? Sie ist immer noch die Ausnahme.

Gelernt hat Sandra Ritter nach ihrem Realschulabschluss „Zahnmedizinische Fachangestellte". Heute ist sie Sachbearbeiterin für Zahnersatz bei einer Krankenkasse und immer noch mit Leib und Seele bei den Pfadfindern in Oldendorf.

(Foto: privat)

Geschichte:

Das erste große Pfadfindertreffen fand 1909 mit mehr als 11.000 Teilnehmern im Kristallpalast in London statt. Der Gründer Baden-Powell war sehr erstaunt, als er dort auch Mädchen traf, die ihm erklärten, dass sie Pfadfinderinnen seien. Für sie wurden 1910 die Girl Guides (Pfadfinderinnen; in den USA Girl Scouts) gegründet.

Nur zwei Jahre nach dem Ende des Ersten Weltkriegs fand 1920 in London das erste Weltpfadfindertreffen statt. An diesem Jamboree nahmen etwa 8.000 Pfadfinder aus 27 Ländern teil.

Nach dem Zweiten Weltkrieg wurden in allen Ländern Pfadfinderverbände wieder aufgebaut. Nur in der DDR blieb die Pfadfinderarbeit weiterhin verboten.

Helga Thode – Arbeitskreis Frauengeschichte auf der Suche nach den ersten Frauen im Kreis Steinburg!

Karola Wilke und Wilhelmine Kähler:
Zwei Frauen aus Kellinghusen in einer Dokumentation zusammengefasst

Wenn in den Weihnachtstagen die Geschichte „Buttersterne" vorgelesen wird, dann wissen die wenigsten, dass es eine wahre Geschichte von und mit Karola Wilke ist.

An **Karola Wilke** denken sie noch immer! Die Zeitzeuginnen Adelheid Voß, Itzehoe, Helga Voß, Besdorf, Marianne Krohn, Itzehoe, Heide Meier, Hohenlockstedt, Helga Keller, Neuenbrook, Renate Niß, Quarnstedt und Petra Berner, Oelixdorf, trafen sich mit dem „Arbeitskreis Frauengeschichte – Frauengeschichten im Kreis Steinburg".

Elke Dammann aus Kellinghusen, die Karola Wilke sehr persönlich kannte, hatte schon genügend Artikel und Unterlagen über Karola Wilke beisammen, als ein Aufruf in der örtlichen Presse die ehemaligen Schülerinnen ermunterte, noch mehr Beiträge zu liefern.

Sie trafen sich in Itzehoe und berichteten aus den Jahren 1955/1956, 1957, 1966 und 1969/1970 – wie es damals im JAW war. Petra Hoffmann, Helga Thode, Ute Kortüm und Jutta Ohl, die dem Arbeitskreis im Verein Donna Doria e.V. angehört, war gespannt auf die vielen Erzählungen.

„Sie war für uns die Mutter, mit der wir alles besprechen konnten!" Nur sehr wenige Leute wussten, dass Karola Wilke schon in jungen Jahren Texte für Lieder schrieb, aber auch Verse und

Gedichte. „Bald nun ist Weihnachtszeit…" ist wohl ihr bekanntestes Lied im deutschsprachigen Raum.

Aber auch Wilhelmine Kähler gilt es zu würdigen. Geboren am 3. April 1864 in Kellinghusen (Holstein) als Tochter eines Steinmetzes, musste sie als zweitjüngstes von 7 Kindern nach dem frühen Tod des Vaters bereits die Familie unterstützen. Sie arbeitete nach der Volksschule als Schneiderin und Wirtschafterin (u.a. bei Detlev von Liliencron). Seit 1882 war sie mit dem Zigarrenarbeiter Carl Kähler (gestorben 1905) verheiratet. Die Ehe blieb kinderlos, das Ehepaar adoptierte jedoch eine Pflegetochter (Meta Klett). Wilhelmine Kähler begann sich seit Ende der achtziger Jahre für die Sozialdemokratie und ihre Literatur zu interessieren. Seit 1889 war sie für die Arbeiterbewegung agitatorisch tätig. Im Sommer 1890 als Mitbegründerin des "Zentralvereins der Fabrik- und Handarbeiterinnen Deutschlands" mit Sitz in Wandsbek bekannt. Sie agitierte u.a. für eine Beschickung der Berliner Gewerkschaftskonferenz vom 15. bis 17. November 1890 und erhielt am 29. Oktober 1890 von der Zahlstelle Hamburg selbst ein Mandat. Alle Texte zu der Dokumentation über Wilhelmine Kähler lieferte Ulrich Freiherr von der Trenck schon vor Jahren dem Arbeitskreis „Frauengeschichte – Frauengeschichten im Kreis Steinburg. Da er leider inzwischen verstarb, konnte der Publizist und Journalist die Veröffentlichung nicht mehr miterleben.

Die Informationen über beide Frauen aus dem Kreis Steinburg sind nun in einem Buch zusammengefasst worden. Mit Unterstützung des Vereins Donna Doria e.V. konnte eine kleine Auflage gedruckt werden. Den Einband spendierte der Landrat des Kreises Steinburg.

Wilhelmine Kähler zählte zu der Gruppe von Frauen, die sich mit viel Mut und großer Hartnäckigkeit über weibliche Verhaltensnormen ihrer Zeit hinwegsetzten.

Als sie am 03. April 1864 in der Brauerstraße 24 (Kellinghusen) geboren wurde, ahnte wohl niemand, dass sie einmal eine wichtige Persönlichkeit in der sozialdemokratischen Frauenbewegung werden würde. Dass sie an der Seite von Emma Ihrer für die Organisation der Arbeiterinnen kämpfen und gemeinsam mit Marie Juchacz (Begründerin der Arbeiterwohlfahrt) in die Nationalversammlung gewählt und dem Reichstag angehören würde.

Zunächst besuchte das sechste von sieben Kindern des Steinhauers Christian Moss und seiner Frau Dorothea die Volksschule, trug ab dem 7. Lebensjahr zum Unterhalt der großen Familie bei und ging mit 14 Jahren in „Stellung". 1882 heiratete sie den Zigarrenmacher Kai Christian Wilhelm Kähler.

„Wahrscheinlich ist", so Ulrich von der Trenck, „dass die junge Frau durch ihren Mann mit der Arbeiterbewegung bekannt wurde." Die politische Tätigkeit seiner Wirtschafterin erlebte auch ihr Arbeitgeber Detlev von Liliencron, der 1883 das Amt des Kirchspielvogts übernommen hatte. Der Dichter stand den Ambitionen seiner Wirtschafterin wohlwollend gegenüber, zumal sie sich zunächst auf literarischen Wissensdurst beschränkten. Erst in seinem letzten Kellinghusener Jahr war die 25jährige in der Kellinghusener und Norddeutschen Arbeiterbewegung aktiv.

Bald zog es sie nach Hamburg. Der Kontakt zwischen ihr und dem Baron riss auch in der Hansestadt nicht ab. Festgehalten hat die später in Berlin neben der politischen Arbeit als freie Schriftstellerin tätige Wilhelmine Kähler ihre Erinnerungen an die Zeit mit Liliencron 1928 in einer Jubiläumsschrift, herausgegeben anlässlich des 780jährigen Stadtgeburtstags.

In Hamburg-Wandsbek gründete sie 1891 den Fabrik- und Hausarbeiterinnenverband und wurde dessen Hauptvorsitzende im Reich. Als streitbare Parteirednerin trat sie im selben Jahr noch einmal in Kellinghusen auf. Offenbar waren die Störstädter noch nicht reif für weibliche Agitatoren: „Wegen tumultartiger Zwischenrufe musste die Versammlung geschlossen werden", zitiert Ulrich von der Trenck schmunzelnd den damaligen Polizeibericht. Mit 29 Jahren wurde Wilhelmine Kähler – als Nachfolgerin von Emma Ihrer – als einzige Frau Mitglied der Generalkommission der Gewerkschaften Deutschlands, eines Vorläufers des DGB.

1901 half sie, die sozialdemokratischen Frauenbewegungen in Sachsen, Thüringen und im Rheinland aufzubauen. Zwischenzeitlich reiste sie als Parteitagsdelegierte quer durch Deutschland. Nach dem 1. Weltkrieg war sie Mitglied der verfassungsgebenden Nationalversammlung in Weimar. Bis 1921 gehörte sie der Deutschen Nationalversammlung und dem Reichstag an.

Mit 60 Jahren zog es die Kellinghusenerin erneut in die Heimatstadt. Gemeinsam mit ihrem zweiten Ehemann Wilhelm Reimes leitete sie zwei Jahre lang das Heim der Arbeiterwohlfahrt (heute Jugendaufbauwerk) in der Brauerstraße.

Der Deutsche Reichstag der Weimarer Republik beschließt am 8. Mai 1891 für Frauen eine maximale Arbeitszeit von täglich 11 Stunden und verbietet die Sonntags- und Nachtarbeit. Seit die Gesetze im Januar 1895 zum ersten Mal im Deutschen Reichstag diskutiert wurden, haben Arbeiterinnen heftig dagegen protestiert. Denn es war abzusehen, dass solche Gesetze nur zu einer geringen Verbesserung führen, dafür aber die Erwerbsmöglichkeiten für viele Frauen gefährden würden. Zu dieser Zeit war auch das Frauenarbeitsverbot in der Montan-Industrie im Gespräch. Wilhelmine Kähler ist in dieser Zeit ihren Weg gegangen und begann sich immer mehr politisch zu interessieren. Immer mehr Frauen waren seinerzeit davon überzeugt, dass die Frauenfrage eine politische Frage ist.

Zentrale Forderungen der bürgerlichen Frauenbewegung sind das Recht auf Arbeit und die Erweiterung der Erwerbsmöglichkeiten für Frauen. Besonders Helene Lange (Lehrerin und Gründerin des Deutschen Lehrerinnenvereins) kämpft für eine Verbesserung der Mädchen- und Frauenbildung, die sich aber im Rahmen der bürgerlichen Familienform und Eheform bewegen soll. Die Frauen sind davon überzeugt, dass ihnen das Stimmrecht freiwillig zugestanden wird, wenn sie sich in der Erfüllung von staatsbürgerlichen Pflichten (Gebiet der Wohltätigkeit) als würdig erwiesen. Der linke, zahlenmäßig kleine Flügel der bürgerlichen Frauenbewegung fordert als Grundvoraussetzung für alle Ziele das demokratische Wahlrecht. Die erste Organisation dieser Richtung ist der Verein „Frauenwohl". Diese radikalen Frauen sympathisieren mit der Sozialdemokratie und setzen sich für gesetzlichen Arbeitnehmerinnenschutz ein. Später verfechten sie auch die Rechte lediger Mütter. Klara Zetkin, die Gründerin der proletarischen Frauenbewegung, setzt die Erwerbstätigkeit als „Befreiung der Frau" voraus. Als Arbeiterinnenbewegung gliedert sie sich der Sozialdemokratie an und ordnet die Frauenfrage dem Klassenkampf unter. Reformistinnen sind Emma Ihrer, Henriette Fürth und Lilli Braun.

Am 19. Januar 1919 findet in Weimar die Wahl zur verfassungsgebenden Nationalversammlung statt.

300 !! Frauen kandidieren. 37 Frauen – insgesamt gibt es 423 Abgeordnete- werden schließlich gewählt. Die meisten Frauen – nämlich 25 – gehören zu den beiden sozialdemokratischen Parteien. Aber auch eine erklärte Gegnerin des Frauenstimmrechts, die langjährige Vorsitzende des Deutsch-Evangelischen Frauenbundes, Paula Müller-Otfried, kandidierte und wurde für die weit rechts stehende DNVP (Deutsche Nationale Volkspartei) gewählt.

Als erste Frau in einem deutschen Parlament spricht am 19. Februar 1919 Marie Juchacz aus Berlin. Sie war einst Dienstmädchen, Krankenwärterin und Schneiderin. Seit 1905 war sie aktive Sozialdemokratin und sagte damals: „Ich möchte hier feststellen ..., dass wir deutschen Frauen dieser Regierung nicht etwa in dem althergebrachten Sinne Dank schuldig sind. Was diese Regierung getan hat, das war eine Selbstverständlichkeit: sie hat den Frauen gegeben, was ihnen bis dahin zu Unrecht vorenthalten worden ist."

Am 22. Februar 1941 starb Wilhelmine Reimes, geb. Mohs, verwitwete Kähler, mit 77 Jahren in Bonn.

Zusammenstellung: Petra Hoffmann

Sonderausgabe: Arbeitskreis „Frauengeschichte – Frauengeschichten im Kreis Steinburg" in Zusammenarbeit mit dem Mädchen- und Frauenverein Donna Doria e.V. Die Sonderausgabe ist als Dokumentation zu erhalten.

Elke Dammann, Petra Hoffmann, Ute Kortüm, Jutta Ohl, Helga Thode

Frauengeschichte –
Frauengeschichten im Kreis Steinburg
Dokumentation IX

Karola Wilke –
Ein Leben für die Jugend

Wilhelmine Kähler –
Ein Leben für die Gerechtigkeit

Landkarte des Amtes Steinburg aus dem Jahre 1551

**Arbeitskreis Frauengeschichte – Frauengeschichten
im Kreis Steinburg
2011**

Karola Wilke: „Der große Wagen", ein Gedichtband mit Texten zum Vorlesen und eins der wenigen Originale

(Foto: privat)

Zusammenkunft in Itzehoe, um Erinnerungen auszutauschen und mehr über Karola Wilke und Wilhelmine Kähler zu erfahren!

(Foto: privat)

Ein Sticktuch aus Poyenberg

Durch meine langjährige Museumsarbeit war es mir vergönnt, ein besonderes Augenmerk auf die Textilien zu lenken, die damals schon im Museum vorhanden waren - und die ich in meiner Zeit sehr intensiv vervollständigte.

So kam es 1987 zu einer Ausstellung von Stickmustertüchern aus dem Umkreis von Kellinghusen. Mich interessierte vor allem, woher die Stickerinnen die Motive und die Anregungen zum Sticken bekamen und ob Schulkinder oder heranwachsende Mädchen und auch Frauen diese Arbeiten gemacht hatten.

Ich vermutete, dass in den Dörfern, die zum Kirchspiel Kellinghusen gehören, noch viele Tücher aus alter Zeit erhalten geblieben sein könnten. So fing ich an zu suchen und hatte gleich Erfolg. Von den Entdeckungen hiesiger Volkskunst war ich selbst so beeindruckt, dass ich versuchte, soviel wie möglich darüber zu erfahren und durch eine Ausstellung auch anderen Menschen nahezubringen. Ich fotografierte jedes Stück, maß die Größe eines jeden Tuches, machte mir Aufzeichnungen über die Art des Stoffes, des Stickens und über die Darstellungen, schrieb mir die Initialen der Stickerin und Jahreszahlen ab, die fast immer in einer sogenannten Kartusche zu finden sind. Erforschte Namen, Lebenslauf und Besitzerin, soweit dieses möglich war und legte mir zu Hause eine kleine Kartei an.

Mit Hilfe der Museen und einem Aufruf in der Norddeutschen Rundschau fand ich in Hohenwestedt ein Mustertuch, das mich besonders interessierte und das ich hier darum näher beschreiben möchte. Eine große Hilfe für meine damaligen Mustertüchter war mir auch immer Frau Professor Caspers aus Hamburg, der ich sehr viel Wissen verdanke.

Werfen wir also einen Blick auf die Fleißarbeit der **Maria Vollstedt** aus Poyenberg.

Es ist sicherlich nicht übertrieben, dieses Stickmustertuch als eines der bedeutendsten im Kreis Steinburg zu bezeichnen. 1887 war es für kurze Zeit als Leihgabe im Museum Kellinghusen zu sehen. Die Maße sind 40 x 40 cm, und es stammt aus dem Jahre 1856 - ist also heute 142 Jahre alt.

Die Stickerin Maria Vollstedt wurde in Poyenberg geboren. Ihr Vater war Landwirt. Die Vermutung liegt nahe, dass Maria die sogenannte „Küsterschule" in Kellinghusen besuchte, denn: zu jener Zeit mussten die Kinder auf dem Lande in den Sommermonaten zu Hause auf dem Hof das Vieh hüten und wurden auch sonst zu allerlei Arbeiten herangezogen. Es würde die fromme Art des Tuches begründen, wie es nur selten vorkommt. (Begründung?)

Maria begann ihr Tuch auf etwas weitmaschigem Leinen mit vier aufeinanderfolgenden Alphabeten, die jeweils durch kleine Bordüren und Ranken unterbrochen sind. Gestickt wurde mit Wolle in den Farben: rotbraun, grün, gelb, hellblau, braun, schwarz, rosa, grau, beige und weiß.

Auf der linken Seite unter den Alphabeten sind Adam und Eva mit dem Baum der Erkenntnis und der Schlange sowie einigen Tieren dargestellt. Immer sind die Motive eingerahmt von zarten Blumenbordüren. Dann folgt in der Mitte der Bibelspruch:

„Das Blut Jesu Christi, des Sohnes Gottes, macht uns rein von aller Sünde. 1 Joh. 1 v. 7.“

Auch hier wiederholt sich die Blumeneinrahmung. Ganz rechts die Andachtsgraphik mit der Kreuzesinschrift „INRI“, dem gekreuzigten Jesu sowie zwei Personen zur Seite. Darüber ein fünftes Alphabet und rechts die Zahlen von 1 bis 0, ebenfalls von Ranken gerahmt.

Im mittleren Teil befinden sich zwei Kartuschen aus Blumenkränzen mit den Initialen H. Vollst. L. V. S.

Daneben links und rechts die vollen Namen (sicherlich der Geschwister?) Ehler, Claus, Hans, Anna Vollstedt.

Von zwei kleinen Herzen unterbrochen die untere Kartusche, die Maria für sich selbst gestickt hat, mit dem Datum 1857. Im unteren Teil des Mustertuches hat Maria das Fachwerkhaus ihrer Eltern in Poyenberg besonders reizvoll dargestellt und daneben die Kirche zu

Kellinghusen, für die es bisher keine unmittelbaren Vorlagen gegeben hat oder bekannt sind. Die Turmuhr, die Kugel und der Hahn auf der Kirchturmspitze sind mit goldenen Perlen verziert. Um den Kirchturm rankt der Spruch: Trachtet nach dem, was droben ist, nicht nach dem, das auf Erden ist. COL. 3 v. 2. - Und ganz am unteren Rand ist voll ausgeschrieben: Das elterliche Haus in Poyenberg M. A. 1858. R. Z. die Kirche zu Kellinghusen.

Das ganze Tuch ist noch einmal umrahmt von einer Blätterranke, an den oberen Ecken schweben Engel in einem Blütenbogen. Maria Vollstedt arbeitete dieses Tuch sehr sorgfältig in einer Zeitspanne von ca. 3 Jahren. Nur das Haus der Eltern zeigt die Darstellung des bäuerlichen Lebens in Poyenberg, ansonsten umgibt sich die Stickerei mit einem sehr religiösen Mantel. Alle diese gestickten Bilder sind im Kreuzstich ausgeführt und konnten später ohne Schwierigkeiten nachgearbeitet werden.

Ich bin sehr glücklich, dass meine Aufzeichnungen von damals mir zu diesem Bericht verholfen haben und der kleine Ort Poyenberg durch Maria Vollstedt besonders reizvoll wurde.

Elke Dammann, Kellinghusen

Quelle: Privates Foto von der Museumsausstellung 1987, Bericht Elke Dammann

Mit freundlicher Genehmigung der Familie Vollstedt in Poyenberg und der Familie Fleischer aus Mühlenbarbek.

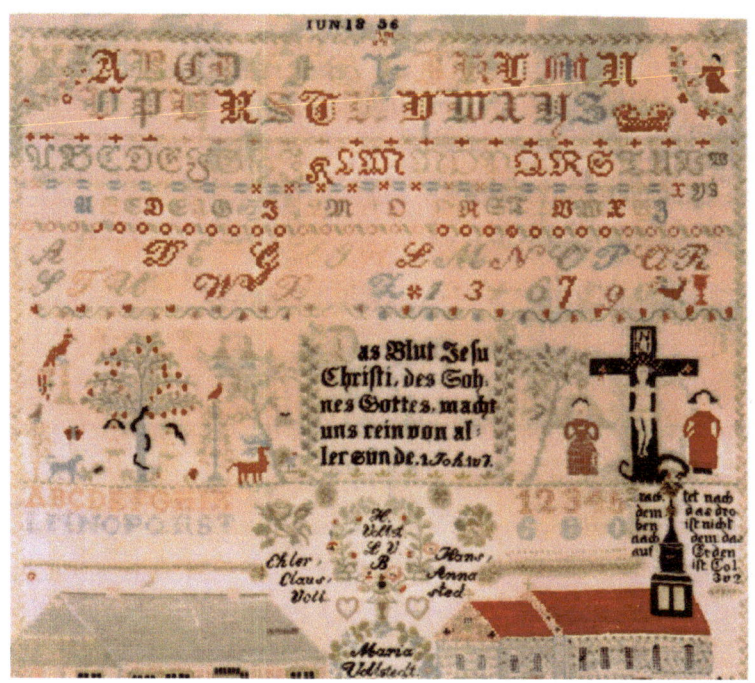

(Foto: privat)

Frauen-Frauen und Weibsbilder

2007. Begrüßungsrede zur Ausstellungseröffnung durch die Gleichstellungsbeauftragte des Kreises Steinburg Jutta Ohl (Gleichstellungsbeauftragte von 1991 bis 2008)

Die Fotografin Heiderose M. Kay

Fotografien erzählen Geschichten, die uns berühren und interessieren. In dieser besonderen Ausstellung, veranstaltet vom FrauenForum des Kreises Steinburg, dem Verein Donna Doria e.V., der Gleichstellungsbeauftragten des Kreises Steinburg und der Fotografin Heiderose M. Kay, kommt mit Sicherheit noch der „weibliche Blickwinkel" der Fotografie dazu.

Die Hälfte der Menschheit ist weiblich. In Europa tragen Frauen im Durchschnitt die Schuhgröße 37, sind 1.68 m groß und bekommen ihr erstes Baby mit 27. In den armen Ländern der Erde verrichten sie zwei Drittel aller Arbeit. In Spitzenpositionen großer Konzerne sind sie kaum zu finden. Nur 0,5 Prozent sitzen in den Vorstandsetagen. Schade eigentlich, denn Frauen sind klug und die geborenen Managerinnen. Der intelligenteste Mensch der Welt ist eine Frau und auch der Elitenachwuchs ist weiblich. Unser Arbeitsalltag ist vielfältig, bunt, anstrengend, schön und aufreibend. Alles das kann in einem Bild festgehalten werden.

Die Fotografin Judy Belasko, verheiratet und Mutter von zwei Kindern, beschreibt einen typischen „Arbeitstag":

„Abzüge aus dem Rahmen nehmen - telefonieren - die Küche wischen - Studenten in der Dunkelkammer unterrichten - einkaufen - über die letzten Arbeiten nachdenken - Abzüge wässern - die beste Freundin besuchen - Diskussion über die Arbeit - schreiben - Kinder - Kind abholen - Essen kaufen - nach Hause - den Versuchsstreifen vom Fernsehfilm des Ehemannes ansehen - entwerfen - Abendessen - Studium, Vorlesung - nach Hause - tanzen und dem Ehemann die Erlebnisse vermitteln - vor dem Kamin lesen, während die Katzen im Bett herausspringen.“

Ich vermag nur zu spekulieren, ob der Arbeitsalltag von Heiderose Kay auch so aussieht, oder zumindest ähnlich ist.

Fotografie von griechisch phos = Licht und graphein = schreiben, aufzeichnen, zeichnen. Wörtlich heißt Fotografie so: zeichnen mit Licht, lichtschreibend, Lichtbilder.

1826 gelang dem Franzosen J. N. Niepce das erste erkennbare, wenn auch primitive Lichtbild. Frauen standen zuerst einmal vor der Kamera als Objekte der Darstellung. Die Fotografie, mit der Aura des technischen umgeben, galt als Männersache - und war es doch von Beginn an eigentlich nicht. Seit den 40er und 50er Jahren des 19. Jahrhunderts bis heute gibt es imponierende Zahlen von Fotografinnen, darunter eine Reihe, die die Entwicklung auf diesem Gebiet mehr als in vielen anderen Sparten künstlerischer Arbeit mitbestimmt haben. Noch immer fehlt allerdings eine umfassende Geschichte der Fotografie, insbesondere der europäischen. So sind auch die Angaben über die ersten Fotografinnen widersprüchlich.

Genannt werden die Engländerinnen Constanze Talbot und Ann Atkens, die auch fototechnisch experimentierten und in der Mitte des 19. Jahrhunderts mit der Fotografie begannen. Zur 1853 gegründeten „Fotographic Society" waren auch Frauen zugelassen; der Zugang zur Fotografie und zu entsprechenden Vereinigungen waren mehr von Geld und Erziehung abhängig als vom Geschlecht. Dies belegen auch die Beispiele der künstlerischer Arbeit mitbestimmt haben. Noch immer fehlt allerdings eine umfassende Geschichte der Fotografie, insbesondere der europäischen. So sind auch die Angaben über die ersten Fotografinnen widersprüchlich.

Genannt werden die Engländerinnen Constanze Talbot und Ann Atkens, die auch fototechnisch experimentierten und in der Mitte des 19. Jahrhunderts mit der Fotografie begannen. Zur 1853 gegründeten „Fotographic Society" waren auch Frauen zugelassen; der Zugang zur Fotografie und zu entsprechenden Vereinigungen waren mehr von Geld und Erziehung abhängig als vom Geschlecht. Dies belegen auch die Beispiele der erfolgreichen Fotografinnen Lady Clementina Hawarden (1822 bis 1865) und Julia M. Cameron (1815 bis 1879).

1863 wagte Julia M. Cameron die Beschäftigung mit dem Medium. Sie war 48 Jahre, gebildet, hatte sechs eigene und sechs adoptierte Kinder großgezogen, lebte in Wohlstand und umgeben von Freunden und Verwandten, die ihr Werk schätzten und sie ermutigten, weiter zu arbeiten.

Zugleich mit den Engländerinnen begannen auch in Deutschland Frauen mit der Fotografie. Von den damals berühmten

Schweizer Landschaftsfotos der Franziska Möllinger (1817 bis 1880) ist nur noch eins aus dem Jahre 1844 erhalten. Zu ihrer Zeit arbeiteten auch die Portraitfotografinnen Bertha Beckmann (keine Lebensdaten; erste Fotos von ihr sind von 1844 erhalten), Maria Mertens (1820 bis 1904), Sophia Breuning (1826 bis 1902) und Jenny Boshard in den Ateliers ihrer Männer, Väter, Brüder. Emilie Bieber (1810 bis 1884) war die erste Frau in der Fotogeschichte, die ein eigenes Atelier eröffnete (1852) und damit den Grundstein zu einem weltweiten Fotoatelierbetrieb legte. Die später in der radikalen Frauenbewegung aktiven Fotografinnen Anita Augspurg und Sophia Goudstikker eröffneten 1887 in der männlich dominierten Münchner Atelierszene ein eigenes Fotoatelier.

In Deutschland eroberten Frauen vor allem die Fotografie als Beruf, entwickelten die technische Seite, das Handwerk, weiter. Zu Beginn des 20. Jahrhunderts arbeitete eine Reihe sehr guter Portraitfotografinnen in eigenen Ateliers. Die Leistungen von Fotografinnen können nur richtig eingeschätzt werden, wenn wir etwas über die Bedingungen wissen, unter denen sie gearbeitet haben und heute arbeiten. Wie alle Frauen hatten und haben sie das Problem der Vereinbarkeit von Beruf, Kindern, Familie und eine Reihe von ihnen hat darum auch auf Kinder verzichtet. Andere begannen, wie Gertrude Käsebier, erst mit Ausbildung, Studium, Fotografie, als die Kinder größer waren.

Am schwierigsten war und ist es für Fotoreporterinnen. Nicht viele Frauen üben den Beruf des Fotoreporters aus, der eine absolute Gesundheit erfordert, Geduld, Neugier, eine offene

Geisteshaltung, Geschicklichkeit und Mut in völlig unerwarteten Situationen; alles Fähigkeiten, die Frauen besitzen. Aber der Beruf fordert auch, dass man immer verfügbar ist, was sich nur sehr schwer mit den Verpflichtungen eines Familienlebens vereinbaren lässt.

Zwischen 1945 und 1989 war die Entwicklung der Fotografie und damit auch der Fotografinnen in beiden Teilen Deutschlands unterschiedlich. Diese Entwicklung, die Unterschiede und Gemeinsamkeiten sind noch wechselseitig aufzuarbeiten. Wahrnehmen müssen wir auch die schwarzen Fotografinnen, ist doch die Fotografie-Geschichte und damit auch die der Fotografinnen weitgehend eine der weißen.

Fotografieren ist nicht nur knipsen, sondern vielmehr das Wesen der Gegenstände, die fotografiert werden sollen, sichtbar zu machen. Fotografinnen müssen Regisseurinnen sein, hinter ihrem Fotoapparat.

So können die Ergebnisse in der Fotografie sehr unterschiedlich sein, je nachdem, ob eine Frau oder ein Mann fotografiert und welcher Schicht bzw. Klasse sie oder er angehört. Dies lässt sich anhand der Arbeiterfotografien nachweisen, die sich in den 1920er und frühen 1930er Jahren in Deutschland entwickelten und im letzten Jahrzehnt (1990er) in der Bundesrepublik wiederbelebt wurden. Ein Grund für die Entstehung der Arbeiterfotografie war, Arbeiterinnen und Arbeitern das Fotografieren zu ermöglichen - auch hier spielte das Geschlecht eine Rolle; es gab wenig Arbeiterfotografinnen. Es ging aber auch darum, im eigenen Interesse zu fotografieren, die Frauen, Männer, Kinder

der eigenen Klasse, ihre Arbeit, ihr Leben, ihr Leid und Elend, aber auch ihre Aktionen und Streiks, Wünsche und Hoffnungen darzustellen.

Ein zweites Beispiel ist die Aktfotografie, eine Domäne der Männer, in der männliche Akte ebenso Ausnahmen sind wie weibliche Fotografinnen. Das herrschende Geschlechterverhältnis schlägt sich hier besonders deutlich nieder, und die Fotos ihrerseits tragen zur Verfestigung dieses Verhältnisses bei.

Schon immer in der Mehrzahl männliche Bilder von Weiblichkeit und nicht Darstellung von Frauen, sind mit der Flut von Veröffentlichungen seit den 60er Jahren in Illustrierten und Zeitschriften einige Trends verbunden.

Welche Wahrheit wollen wir hier nun herausarbeiten? In wessen Interesse fotografieren wir? Welche Gegenstände und Subjekte stellen wir dar und wie? Was wollen wir bewirken?

Lebendige, wirkliche, weibliche Menschen mit Schwächen, Fehlern und Vorzügen, mit Körpern und Kopf, in unterschiedlichen Arbeits- und Lebenssituationen, mit verschiedenen und gemeinsamen Interessen wurden hier fotografiert.

Lassen Sie sich jetzt durch die Ausstellung führen, es begleitet Sie die Fotografin Heiderose M. Kay.

Jutta Ohl

Anmerkung der Redaktion: Heiderose M. Kay wurde 2007 Unternehmerin des Jahres (Unternehmerinnen Netzwerk „SELBST IST DIE FRAU")

Ein Gedicht aus dem Krieg

Als Feuerwehrhauptmann von dieser Crew,

steht es mir wohl dienstmäßig zu

ein wenig zu erzählen von jener Zeit,

wo wir Frauen waren bereit

bei der Feuerwehr zu steh´n unseren Mann

was ja auch nicht jeder kann!

Wir waren einst zwölf,

nun sind wir noch sieben,

die wir haben noch aufgetrieben.

Dat wär 43 in Januar,

de Mannslüd wor´n knapp

dor wär dat klor

de Mann an de Front

de Kinner wern lütt

dor müssen wi Fronslüd an de Sprütt!

Wi worn denn wohl de SS ünnerstellt

Dat wer nichts Godes in jene Welt!

Dor gef dat ken kuschen

man müß parern,

sünst künn man de anner Siet kennenlern.

Op de School müß ik na Harriesleefeld

Dor hebt se uns denn manches vertellt,

un harr man de Prüfung denn bestohn,

künn dat to Hus denn wieder gohn!

De Gruppe utbilden dat wer de Befehl,

Hans Rehder wär dor ünse gode Seel!

He hett uns bistohn wo he man künn,

so kämen wi seker öber de Runn!

Enmol de Wek wär Dienst ansegt,

und at wer gonni mol so schlecht,

denn neben de Ernsthaftigkeit um de Sook,

hebt wi das Beste dorut mokt.

No denn Dienst dor seeten i noch binanner,

hebt sungen und vertellt

und vergeten denn Jammer!

Un weil wi würklich gut künn singen

Müssen wi dat Sündagsmorgen

denn Volkssturm bibringen.

So manchen Einsatz hebt wie mitmokt,

dat Schlimmste wär wohl de in Hamborg dree Dog.

Na Wilhelmsburg müssen wi

dat wär nicht so licht,

dörch Bombenkroters öber de Brüch.

Unser Auto blew stohn un de LM 8

De müssen wi schuben mit egene Kraft.

De Phosphorbomben wörn so gemen,

dat füng immer wedder an to brenn.

Blots löschen un löschen.

Un af und an noch verschüttete Minschen utbuddeln, o man!

Dor to harrn wi ok noch Hunger und Dös

un de letzten Schoh kregen ok denn Rest.

De letzte Insatz wer hier noch t Hus

Un denn wer de Krieg jo Gott sei Dank ut.

Von ganzem Harten wünscht wi uns,

dat sowat niemols wedderkümt.

Elfie Rieß

Bekmünde

Frauen in der Fischerei

Das Gemälde am Gebäude von Hummer Pedersen (Ost- und Südwand) in Hamburg im Rahmen der „FrauenFreiluftGalerie" macht sichtbar, was sich hinter diesen und anderen Mauern abspielt: die Arbeit der Frauen im Hamburger Hafen - beim Filetieren in der fischverarbeitenden Industrie. Die Arbeit „bei den Fischen" ist seit jeher überwiegend Frauensache. Sie wird gering entlohnt, war gesundheitsbelastend, denn es handelt sich um eine stehende Tätigkeit in Kälte, Nässe, Zugluft und häufig im Akkord.

Frauen galten bzw. gelten teils bis heute als fingerfertig, geduldig, geeignet für sogenannte haushaltsnahe Tätigkeiten und für körperlich als "leicht" eingestufte Arbeit. Diese Leichtlohngruppen für gewerbliche Frauenarbeit gab es in Westdeutschland bis 1975. Sie bedeuteten ca. 30-40% weniger Lohn als für Männer. Arbeit in der Fischbranche galt lange als anrüchig Im doppelten Sinne: Der Fischgeruch haftet an, und die Arbeit war als Arme-Leute-Job stigmatisiert. "Ohne Not geht niemand zu den Fischen" war daher bis in die Zeit nach dem 2. Weltkrieg ein gängiger Ausspruch."

Die Glückstädter Heringsfischerei A. G. wurde 1893 gegründet und musste 1976 als letzte Loggerfischgesellschaft geschlossen werden. Die erste Fangsaison konnte bereits 1894 erfolgen, es wurde mit Segelloggern gefischt. 1930 ging die Gesellschaft in Konkurs und die Logger wurden von den Emder Loggerfischerei-Gesellschaften übernommen. Der Neubeginn gelang 1934 und bis 1969 fuhren die Glückstädter <u>Logger</u> zu jeder Fangsaison aus. 1969 markiert das Ende der Glückstädter Treibnetzfischerei auf Heringe, die auf See gekehlt - auf See gesalzen in hölzernen Tonnen, in der Fachsprache <u>Kantje</u> genannt, reiften und vermarktet wurden. Neben dem dramatischen Rückgang der Heringsbestände wurde es auch immer schwieriger, Mannschaften für die extremen Arbeitsverhältnisse auf den Loggern zu finden

Im Buch von Gerhard Köhn: „Seegekehlt & Seegesalzen - Loggerfischerei von der deutschen Nordseeküste" finden sich etliche Fotos von arbeitenden Frauen in der Heringsverarbeitenden Industrie in Glückstadt. Während sich die Besatzungen der Glückstädter Heringslogger zum größten Teil nicht aus Einheimischen zusammensetzte, kamen die Packerinnen in der Heringsfischereigesellschaft überwiegend aus Glückstadt und der Umgebung. Sie wurden für die harte Arbeit gering entlohnt: 1908 bekam eine Arbeiterin für das Nachpacken der gesalzenen Heringe in die „Kantjes" (Fässer) pro Fass 33 Pfennig, für ein von Grund auf zu bepackendes Fass 66 Pfennig. Bei einem Arbeitstag von neun Stunden im Akkord verdienten die Frauen somit ca. 20 Mark die Woche.

Die Frauen in der Glückstädter Heringsfischerei waren besonders geschickt beim Packen der Heringe. So wurde der „Spiegel" – die letzte Schicht Hering – besonders sauber ausgerichtet. Die angelandeten Fässer wurden in Glückstadt in große Tröge zum Sortieren der Fische geschüttet. Das geschah am Fließband mit flinken Händen. Wenn ein Fass vollgepackt war,

wurde die Salzlake, die beim Ausschütten der „Kantjes" aufge-
fangen bzw. in den seegepackten Fässern verblieben war, auf
das neugepackte Fass gegossen, bis es überlief. Auch das Rei-
nigen von den Fässern - ein Kantje (Fass) enthielt je nach Größe ungefähr 800–1000 Heringe - und Fassdeckeln, das entfä-
deln der Netze - das einzelne Netz hatte eine Länge von 30 m
und eine Tiefe von 15 m. An der Oberkante befand sich ein
Sperreep genanntes Tauwerk mit eingeflochtenen Korken (Flot-
jes), und das Aufhängen zur Trocknung war lange Jahre Frauenarbeit in Glückstadt.

Jutta Ohl

nach Quellen von Gerhard Köhn: „Seegekehlt & Seegesalzen -
Loggerfischerei von der deutschen Nordseeküste" und Detlefsen
Museum Glückstadt

Frauen Freiluft Galerie

(Foto: Jutta Ohl)

Emma Fock

In der Zeit um 1918 war es nicht selbstverständlich, Diätköchin zu werden!

Krankenernährung hat das Ziel, zu helfen und die Gesundheit zu fördern.

So einfach und selbstverständlich es auch klingt, die Erfüllung ist schwer. „Gott sei Dank" ist der Fortschritt der Forschung für die Ernährung Kranker in sichere Bahnen gelenkt und die Wichtigkeit der richtigen Krankenkost für schnellere Gesundung bewiesen.

Als Elsabe Fock, geb. Göttsche, im Jahre 1901 am 01. Mai eine Tochter zur Welt brachte, die sie Emma nannte, ahnte sie nicht, was aus dieser Tochter einmal werden würde. Eine Familie mit neun Kindern war damals zwar keine Seltenheit, doch dass auch aus allen Kindern einmal tüchtige, verantwortungsbewusste Menschen werden könnten in einer recht kargen, schlechten Zeit, konnte die Mutter nur wünschen.

Die vier Söhne erlernten gute Berufe - die Töchter - na ja - die würden Weißnähen lernen und im hauswirtschaftlichen Beruf dann später heiraten - ganz klar! Das dachte damals wohl auch Anna Elsabe Fock.

Ihre Tochter Emma aber hatte eine andere Vorstellung vom Leben. Mit guten Zeugnissen waren die Kinder aus der Schule gekommen und es dauerte einige Zeit, bis Emma sich ein Herz gefasst hatte und mit etwa 17 Jahren ihren Eltern klar machte, dass sie sich für eine Lehre als Diätköchin auf Sylt entschieden hatte. Daraufhin tagte erst einmal der Familienrat, bestehend aus den Eltern und Großeltern!

Doch dann trat eines Tages das Landkind Emma Fock über die Schwelle eines bekannten Kurhotels auf Sylt. Viel musste sie lernen und wurde ganz allmählich eine perfekte Diätköchin in weißem Kittel, weißem Häubchen und den Utensilien, die zum Küchendienst notwendig waren. Schmackhaft kochen und sparsam wirtschaften war ihre Devise!

Sie blieb mehrere Jahre auf der Insel und mühte sich, den vornehmen Badegästen, die meistens ihr Übergewicht reduzieren wollten, den Aufenthalt mit einer gezielten Diät so angenehm wie möglich zu machen!

Eine gemäßigte Lebensweise konnte ja Wunder wirken. Damals waren die durch unvorteilhafte Lebensweise entstandenen Krankheiten wohl nicht ganz so dramatisch wie heute. Stets war Emma Fock bemüht, in Maß und Gramm wachsam und genau zu sein. Ihre Küche galt als gewisses Heiligtum.

Eine Diät sollte keinen schädlichen Einfluss auf die Krankheit ausüben und deshalb musste auf alle Symptome immer größte Aufmerksamkeit verwendet werden. Ob der Patient mehr flüssige als feste Nahrung zu sich nehmen durfte, entschied der Arzt. Mit ihm wurden alle Umstände der Diät besprochen. Das stellte große Anforderungen an die Diätköchin und ihre Küche. Die Küchendisposition sowie die Aufstellung der Speisekarten gehörten zu Emma Focks täglicher Aufgabe.

Die Patienten und Kurgäste sollten immer pünktlich ihr Essen bekommen, nicht zu viel, lieber kleine wertvolle Mahlzeiten, die auch vom Äußeren den Appetit anregten. Das Essen durfte nie langweilig sein, Schwerkranken sollte auch in der Nacht Nahrung gereicht werden.

Von Sylt aus ging es für Emma Fock in die Saisonküche. Emma Fock kochte in der Krebsklinik von Dr. Issels in Rottach-Egern, im Kneippkurheim Münster/Eifel, im Kurheim Bad Oeynhausen, im Sanatorium von Bad Harzburg, in Heilbronn in einem vegetarischen Betrieb, im Hotel Reichshof in Bad Mergentheim, im Kurheim Dietz an der Lahn, im Kurhaus Bad Nauheim, im Nürnberger Hof, in Karlsbad, dort auch in einem Reservelazarett, in St. Blasien im Schwarzwald, in Bad Tölz und in der Kuranstalt Martens in Trogen in der Schweiz, in Baden Baden und noch vielen bekannten Kurhäusern durch ganz Deutschland und dem benachbarten Ausland.

Außerdem arbeitete sie fünf Jahre in angesehenen Hotels in Holland, wobei sie dann die niederländische Sprache fließend erlernte und noch viele Jahre später, als sie längst im Ruhestand war, schlichen unbewusst niederländische Worte über ihre Lippen. Als der Krieg auch vor Holland nicht haltmachte, legte man Emma Fock nahe, nach Deutschland zurückzukehren, was sie dann auch tat.

Ganz gewiss war der Beruf einer Diätköchin nicht ganz einfach. Sie kochte für königliche Hoheiten, arabische Fürsten, auch für den Sohn von König Saud, aber auch für Fabrikanten, Angestellte und ganz normale Bürger aus dem In- und Ausland.

In den Nachlasspapieren von Emma Fock steht auch häufig die Bezeichnung „Küchenleiterin". Das sagt aus, wer sie war. Ihre

Hauptarbeit bezog sich auf die Zeit des Hochbetriebes in den Kurhotels. Sie übernahm aber auch so ganz nebenbei die Leitung der gesamten Familie, ihrer Geschwister, deren Männer und Frauen und Kinder.

Immer nach Saisonschluss, wenn sie aus den Kurorten heim kam, hielt sie die Familien in Atem. Reihum wurden alle besucht; stand man dann besonders in ihrer Gunst, konnte es passieren, dass sie sich für Tage in der Küche „breit machte" und kochte. Den Kindern war dann ab sofort der gemütliche Teil in der Küche versagt. Hier herrschte Tante Emma!

Oft hat ihre Nichte Elke solche Besuche erlebt. Dann wurde gebacken und gekocht, es roch bis auf den Hof hinaus und die Nachbarn hielten die Nasen in den Wind.

Nach den verantwortungsvollen, interessanten, arbeitsreichen Jahren im Dienste der Gesundheit brachte Emma Fock noch in Bremen die Diätabteilung eines bekannten Hotels „in Schwung". Dann begann der ersehnte Ruhestand. Sie hatte immer gut gewirtschaftet, bezog auch aus Holland eine kleine Rente extra und hatte in Bremen eine Eigentumswohnung. Endlich konnte sie an sich selbst denken.

Jahrelang hatte sie die Welthilfssprache Esperanto erlernt. Jetzt nahm sie an den Kongressen in aller Welt teil: London, Wien, Paris, Rom, Lissabon, Oslo waren ihre Ziele.

Angereichert mit den neuesten Erkenntnissen und Eindrücken kehrte sie dann zurück. Die Geschwister waren gute Zuhörer, aber besonders die Nichte Elke blieb von diesen Esperanto-Vorträgen nicht verschont.

Die Respektsperson, die sie ihr ganzes Leben lang war, blieb sie - bis sie sich 1975 aus dem Kreise der Familie für immer verabschiedete.

Quelle: Schriftlicher Nachlass der Diätköchin Emma Fock mit freundlicher Genehmigung Ing. Ulrich Fock

Bearbeitung: Nichte Elke Dammann, Kellinghusen

Erzählungen meiner Mutter, die mich nicht mehr losließen!

Wir schreiben das Jahr 1933, ich war nicht ganz 10 Jahre alt als das alles anfing.

Alle Klassen unserer Schule, der Mädchenschule Probstenfeld in Elmshorn wurden zusammengetrommelt, und in der Aula mussten wir uns die Reden von den Politikern anhören.

Große Worte waren das! Aber, ob wir Kinder das alles begriffen, was uns da erzählt wurde?

Als wir dann 10 Jahre alt waren, wurde es Pflicht, alle Jungen und Mädchen mussten in die Hitlerjugend oder in den BDM „Bund deutscher Mädchen" eintreten, hörte sich gar nicht schlecht an. Sonnabend hatten wir nun keine Schule mehr, das ist doch was. Dafür machten wir dann im BDM. Wir trafen uns in einzelnen Gruppen, wanderten raus ins Grüne und sangen dabei unsere Lieder. Radtouren haben wir gemacht mit Picknick und Spiele in Wald und Flur. In der Weihnachtszeit haben wir Spielzeug gebastelt für Familien mit vielen Kindern, die Hilfe brauchten. Das hat uns immer viel Spaß gemacht. In der Schule wurde das alles unterstützt.

Aber zu Hause, da bekam man unter vorgehaltener Hand so einiges mit, was so gemacht wurde mit den Leuten, die politisch einer anderen Meinung waren. So manch eine ist dann im „Konzentrationslager" gelandet. Da kam man, so jung man auch noch war, in einen mit dem ganzen Kram, und je älter man wurde, bekam man die andere Seite zu spüren. Wer nicht 100%ig mitmachte, war unten durch.

Lehrer Maaßen an unserer Schule, er war Konrektor und gab Unterricht in den höheren Klassen, wurde unvermutet degradiert, in die untersten Klassen, bei den kleinen wieder anzufangen. Das hat ihm Sehr zugesetzt, denn er war ja auch nicht mehr der Jüngste. Ein junger, hergelaufener Kerl wurde ihm vor die Nase gesetzt. Der lief den ganzen Tag in Schaftstiefeln rum. In seiner Klasse 1a da holte er sich bloß blonde, kräftige Mädchen. Meiner Ansicht nach war er ein fieser Kerl.

Als junge Leute, nach der Schulzeit, trafen wir uns abends öfter in der Königstrasse, da waren immer welche, mit denen man klönen konnte.

Eines Tages, es war im Herbst 1938 hieß es: "Probeverdunkelung!" Man, war das romantisch, aber auch unheimlich. Keine Straßenlampen leuchteten, alle Fenster waren verdunkelt, und der Mond schien vom Himmel. Aber was war der Grund dafür? Krieg war angesagt. Wir jungen Leute, ich war inzwischen 16 Jahre alt, hatte ja keine Ahnung, was da auf uns zukam. Aber unsere Eltern, die alle den Ersten Weltkrieg mitgemacht hatten, die sagten: „Wenn es tatsächlich Krieg gibt, wird dieser viel schlimmer". Und so war es dann ja auch.

Am 1. September 1939 ging es dann tatsächlich los: Lebensmittelkarten wurden verteilt, völlige Dunkelheit auf den Straßen. „Luftschutzübungen" und „Erste Hilfe-Kurse" waren schon früher angesagt. Alles war auf den Notfall ausgerichtet.

Mittlerweile war ich 17 Jahre alt, ich war bei der Commerzbank in Elmshorn beschäftigt. Wenn das Jahr zu Ende ging, mussten wir öfter abends länger arbeiten.

Eines Abends, es war wohl kurz nach 20 Uhr, holte mein Freund mich ab. Ich musste aber noch Briefe bei der Post einstecken, und dabei kamen wir dann durch die Königstraße. Alles war stockdunkel, denn wir hatten ja Krieg. Wir mussten am großen Tor von Färberei Junge vorbei, das lag etwas zurück. Mein Freund machte sich noch lustig und meinte: „Was meinst du, wenn da nun plötzlich einer rauskommt?" Er hatte es noch nicht ganz zu Ende gesagt, da kam doch tatsächlich einer und leuchtete uns mit seiner Taschenlampe in die Augen.

Zuerst konnten wir nicht erkennen, wer da war. Aber dann stellte sich raus, es war ein Schutzmann.

„Wo kommt ihr her, wo wollt ihr hin!" brüllte er uns an. Wir waren ganz verdattert und wussten gar nicht, was wir sagen sollten. Als wir ihm erklärt hatten, warum wir noch auf der Straße waren, glaubte er es uns nicht. „Kommt mit zur Wache", sagte er barsch. Er zwischen uns, wir trotteten neben ihm her.

In der hellen Wachstube bei der Polizei in der Schulstraße hat er uns erst mal ganz genau angesehen und wollte unseren Ausweis sehen („Kennkarte" nannte man das damals V. Wir hatten keine dabei, aber zum Glück fiel mir ein, das ich meine Urkunden von den Wettkämpfen in Stenographie in der Tasche hatte. Stenographie (Kurzschrift) war damals wichtig für meinen Beruf. Diktiergeräte oder Computer gab es damals noch nicht. Die Urkunden waren ganz gut ausgefallen und ich zeigte sie ihm. Als er sie eingehend begutachtet hatte, wurde er etwas freundlicher und sagte zu uns: „Na ja, für dieses Mal könnt ihr gehen, aber jeder für sich, einer da lang und einer dort lang!" Mein Freund war in der Besenbeker Straße zu Hause und ich in der Amandastraße, das war genau in der entgegengesetzten Seite der Stadt.

An der nächsten Straßenecke habe ich gewartet, weil ich dachte, mein Freund kommt mir nach. Aber er kam nicht, und ich musste in der Dunkelheit alleine nach Hause gehen. Irgendwie war das ja unlogisch. Später habe ich dann erfahren, dass der Schutzmann hinter ihm hergegangen war und er nicht umkehren konnte.

Der Krieg ging weiter, und ich wurde älter dabei. An allen Ecken und Kanten wurde an Material gespart: Strom, Heizung Nahrungsmittel. Von den öffentlichen Gebäuden und von den Zügen prangten Plakate mit der Aufschrift: „Räder rollen für den Sieg". Aus diesem Grund wurde auch die Commerzbank, bei der ich arbeitete, zugemacht. Meine Kollegen wurden bei anderen Filialen eingesetzt, jüngere wurden eingezogen. Ich musste Dienst bei der Marine tun, zuerst in Kiel im Personalbüro für U-Boote und später in Hamburg bei der 5. U-Flottille auf der anderen Seite der Elbe.

Das war im Herbst 1944, also kurz bevor der Krieg zu Ende war. Es wurde immer verrückter, die feindlichen Luftangriffe wurden immer mehr und die öffentlichen Verkehrsmittel weniger. Damit ich Punkt 8 meinen Dienst antreten konnte, musste ich schon um halb 5 aus dem Haus. Stieg ich abends um Punkt

8 in meinem Heimatort Elmshorn aus dem Zug, ertönte aus dem Lautsprecher ein Stimme: „Es ist Fliegeralarm, die Reisenden werden gebeten, den nächsten Luftschutzkeller aufzusuchen!" Ich wusste, dass meine Mutter auf mich wartete und bin nach Hause gerannt so schnell ich konnte, ohne auf die Flieger zu achten, die schon ankamen. Nachts noch 2-3-mal aus dem Bett wegen Fliegeralarm, und am andern Morgen wieder los.

Eines Tages erwischte mich der Fliegeralarm noch in Hamburg, und ich bekam meinen Zug nicht mehr. Der nächste fuhr erst eine Stunde später. Ein Kollege hat mich zum Bahnhof gebracht, damit ich da nicht allein war. Im Bahnhofsrestaurant haben wir uns bei einem Glas Heißgetränk unterhalten. Das schmeckte wie Knübbel op'n Kopp. Plötzlich stand ein Mann an unserem Tisch. Er war vom Volkssturm.

Der „Volkssturm" war das letzte militärische Aufgebot vom nationalsozialistischen Deutschland und sollte die deutschen Streitkräfte bei der Verteidigung des Reichsgebietes unterstützen. Alle 16- bis 60-Jährigen mussten Dienst tun, wenn sie noch nicht zum Heer eingezogen wurden.

Dieser Mann kam sich so wichtig vor und meinte, er hätte in mir eine gefunden, die sich nicht nützlich macht und vor allem, nicht Deutschland zum Sieg verhilft. Er wollte meine Kennkarte sehen, aber die hatte ich ja, als ich eingezogen wurde, abgeben müssen und dafür den Wehrmachtsausweis erhalten. Das sagte dem Mann gar nichts. Mein Kollege in seiner Marineuniform versuchte ihm klarzumachen, dass wir auf derselben Dienststelle arbeiteten. Unser Gegenüber ging auf nichts ein und die beiden bekamen sich in die Haare. Der Mann rief zwei andere Männer vom „Volkssturm" zu Hilfe und mein Kollege wurde wie ein Verbrecher abgeführt.

Ich musste mit auf die Wache. Meine Handtasche wurde durchsucht. Meine Einwände, dass mein Zug gleich abfuhr, nützten nichts. Er packte meine ganze Handtasche aus. Es war entwürdigend. Aber ich konnte nichts machen und stand machtlos daneben. Es fand meinen Pass vom Stenografenverein. „Na also", sagte er, da haben wir doch was. Warum nicht gleich so. Aber das war ja eigentlich kein amtlicher Ausweis. Blöd ist gar kein Ausdruck. Und diese Leute sollten uns nun zum Sieg verhelfen.

Ich konnte gehen, aber mein Zug war weg. Der nächste fuhr erst in 2 Stunden und ich konnte nun so lange auf dem Bahnhof frieren, bis ich endlich nach Hause fahren konnte. Von Menschlichkeit keine Spur.

Mein Kollege bekam noch eine Strafe aufgebrummt, wegen „Auflehnung gegen die Staatsgewalt". Vor Empörung komme ich heute noch in Rage, wenn ich daran denke. Bis denn im Mai 1945 der Krieg endlich vorbei war, hatten wir noch viel erlebt.

Die Eisenbahn wurde von Tieffliegern beschossen, die Reisenden mussten raus aus dem Zug und unterm Wagen Schutz suchen. Weil ich aus diesen Gründen nicht mehr nach Hamburg gefahren bin, wollten sie mich mit der Polizei abholen.

Was sollte ich da noch, zu retten war da nichts mehr, und wir hatten die meiste Zeit im Luftschutzbunker gesessen denn bei der Arbeit.

Die Männer vom „Volkssturm", das waren doch bloß Kinder und ältere Leute, die sollten nun noch Hamburg mit der Panzerfaust retten.

Hamburg hatte sich endlich ergeben, ein paar ganz Kluge hatten sich im Liether Wald verschanzt und wollten Elmshorn verteidigen.

Aber dazu kam es gottlob nicht mehr.

Renate Schmidt, Itzehoe

Elisabeth Grzybek – 2 Jahre in der Landesarbeitsanstalt, Glückstadt

Im Sommer 2017 war ich an einem Donnerstagnachmittag, nämlich am 3.8.2017, ehrenamtlich zur Museumsaufsicht im Glückstädter Detlefsen-Museum, wo mich der Kollege bat, ein bisschen Englisch zu dolmetschen. Katy Newmarch war mit ihrer Familie – ihrem Ehemann David und der Tochter und dem Sohn – während der Schulferien aus England angereist, um in Glückstadt und ganz Schleswig-Holstein mehr über ihre Großmutter herauszufinden. Sie erzählte mir kurz den Lebenslauf, zeigte mir E-Mails von ITS Arolsen[1], Urkunden und war bedrückt, dass ich ihr in Sachen Korrektionsanstalt bzw. Landesarbeitsanstalt in Glückstadt Am Jungfernstieg nicht weiterhelfen konnte. Aber wie auch, ich hatte als Zugereiste noch gar nicht davon gehört.

Wir kamen ins Gespräch über unsere Vorfahren, ich erzählte ihr, dass auch meine Mutter schlimme Zeiten erlebt hatte, als sie als kleines Mädchen im Jahr 1945 die Horrortour von Königsberg aus über das Eis in den Westen machen musste. Aus der niedergedrückten Stimmung entspann sich dann aber die Idee, dass ich ihr in jeder erdenklichen Weise weiterhelfen würde, wir also in Kontakt blieben.

Im Herbst 2017 hatte ich dann die Idee, dass auch Elisabeth Grzybek einen Eintrag in einem Band der Frauengeschichten

---

[1] „ITS International Tracing Service" in Bad Arolsen (www.its-arolsen.org).

erhalten muss. Gleichzeitig wurde mir klar, wie schwierig dieses Thema ist und wie schwierig die Forschungen dazu sein werden. Ich bat Katy Newmarch, alles, was sie herausgefunden hatte, zusammenzustellen, um nachfolgenden Eintrag auf Englisch entstehen zu lassen.

Ein bewegendes, berührendes, schwieriges und in Details grausam anmutendes Unterfangen, wie ich für mich mit der Zeit erkennen wollte. Aus Familienerzählungen weiß ich um das Leid und die persönlichen Traumata, die nie verarbeitet wurden und die ein Leben lang einen Menschen gefangen halten und Tabu waren, für sich selbst und die Umgebung. Das Schicksal meiner Mutter und das von Katy Newmarchs Großmutter ist ganz unterschiedlich, aber verbindend in der Zerstörungskraft einer Kindheit und eines Lebens. Nun soll die Biografie von Elisabeth Grzybek exemplarisch für viele viele Frauen stehen, die in Glückstadt gegen ihren Willen inhaftiert oder eingewiesen und auf mannigfache Art missbraucht und gefoltert wurden.

Aus den Unterlagen, die Katy Newmarch mir zukommen ließ, konnte ich folgende Angaben ergänzen: „Kiel, am 17. Juni 1925. Die Direktion der Frauenklinik zu Kiel hat mitgeteilt, daß von der unverehelichten Genovefa Grzybek, Dienstmädchen, wohnhaft in Breitenstein, Kreis Plön [...] ein Mädchen geboren worden sei, und daß das Kind den Vornamen Elisabeth erhalten habe." Ganz unten gibt es einen Nachtrag: „John Normann geb. 19.7.1949. Hambg. Neustadt". Dies ist der uneheliche Sohn von Elisabeth Grzybek.

Meine Anfrage im Landesarchiv Schleswig-Holstein, Prinzenpalais, 24837 Schleswig, vom November 2017 brachte – ebenso wie bei Katy Newmarch – keine Ergebnisse: „leider kann ich Ihnen nicht direkt bei Ihren Forschungen mit Informationen zu Elisabeth Grzybek weiterhelfen. Das Landesarchiv verwahrt in der Tat im Bestand Abt. 372 Unterlagen der sog. Korrektionsanstalt Glückstadt. Allerdings ist der in Frage kommende Zeitraum nur sehr lückenhaft dokumentiert. Eine Akte zu Elisabeth Grzybek konnte ich im Bestand nicht ermitteln. Ebenso ergab eine Durchsicht der im Bestand Abt. 372 verwahrten wenigen Zu- und Abgangsbücher für die Jahre von 1940 bis 1945 keinen Eintrag zu ihrer Person. Es ist jedoch nicht auszuschließen, dass es weitere Verzeichnisse der Insassen gegeben hat, die aber nicht überliefert sind. Da Frau Grzybek Zwangsarbeiterin war und sicherlich nach Kriegsende als „Displaced Person" geführt wurde, empfehle ich, auch eine Anfrage beim „ITS International Tracing Service" in Bad Arolsen zu stellen (www.its-arolsen.org). Womöglich erhalten Sie dort die gewünschten Informationen oder zumindest weiterführende Hinweise." Dies war bereits vorher schon durch Katy Newmarch geschehen.

Gedenktafel in Glückstadt Am Jungfernstieg mit einer Darstellung der Landesarbeitsanstalt

(Foto: Christine Berg)

Zur besagten Zeit lässt sich Folgendes festhalten: Die einberufenen Männer wurden durch Zwangsarbeiter und Kriegsgefangene ersetzt. Im Jahr 1944 gab es 6,4 Mio. Fremdarbeiter im Reich. In den Jahren von 1939–1945 wurden in Schleswig-Holstein mehr als 200.000 Zwangsarbeiter und Zwangsarbeiterinnen aus vielen europäischen Staaten in den verschiedensten Wirtschaftsbereichen, so z.B. in der Landwirtschaft, in der Industrie, im Handwerk und auch im öffentlichen Dienst eingesetzt. Im Juli 1945 wurden 16.500 Ausländer im Kreis Steinburg registriert. Die Landesarbeitsanstalt in der Königstraße wurde in den fraglichen Jahren als Lagerunterkunft für Zwangsarbeiterinnen genutzt. Neben den Frauen setzte man Zwangsarbeiter und Kriegsgefangene ein. In Glückstadt arbeiteten davon 700 Männer und Frauen. Bei einer Bevölkerungszahl der Stadt von 7.000 war das jeder Zehnte. Und mit ihnen wurde hart und teilweise unwürdig umgegangen.

Katy Newmarch schrieb mir zwischendurch folgende E-Mails:

„5.11.2017: I know that when I first started my research I spoke to whom I believe to have been her Doctors. I started there because I knew that Dad had seen a tattoo on one of her arms and I wanted to get her post-mortem result to confirm this as she always had it covered. I got the post mortem but I can't remember if I asked about her Doctors notes and their reply to this. I know that it is a forbidden rule to have some-body's notes but because I am doing research on Nanny I won-der if there would be any clues in the notes with her break-downs and dates of these and wither I can access them in the UK. I don't suppose you have done anything like that before?"

Und etwas davor:

„24.10.2017: When we went to Plon where my Nanny lived I met the VON HOLLENS that my Grandmother (Genovefa) worked for when she gave birth to my Nanny. I am trying to find out if this family the Von Hollen's were the people who took my nanny in until the parents death's when she was then thrown out into the streets by the 2 sons. Of course Mr Von Hollen was palate and quite helpful but we fill that he may know more than he was letting on? And like me he is further down the family tree. I met a gentleman not far from the Von Hollens in Breitenstain who now owns the farm, who told me that the Von Hollen's gave their Estate Archives to a museum in Schleswig Holstein. I can't flnd the address at this time but be-lieve there is only one main museum for that region. I was told that I might not be able to access any records unless Mr Hollen

agrees to this. But this means that if he was to say no then we will never know totally the true fate that was dealt to my Nanny all those years before. Is there any way in your departments that could access these paper's to find out about the names and dates etc of my relatives that lived and worked there."
Nun folgt Katy Newmarchs Beitrag.

Christine Berg

Elisabeth Grzybek und ihr Sohn Johann Normann

(Repro/Foto: Katy Newmarch)

Elisabeth Grzybek was born in Kiel, 13 June 1925.

Elisabeth's birth mother was Genovefa Grzybek. A Dienstmäd-chen, wohnhaft in Breitenstein, Kreis Plön. The farm that Geno-vefa Grzybek worked was owned by the Von Hollen Family at this time.

Elisabeth was born and was raised by a German Family which we believe to have been on a farm somewhere in the Grebin or surrounding areas. All we know is that she was taken in by a wealthy family who already had two sons of their own. Elisa-beth was doted on and was very much loved by her adopted parents (not legally adopted), however when both parents died something happened and the two sons chucked Elisabeth on to the streets with nothing. (We don't actually know the exact date but feel this was in her early adult life, as she was 18 years old when she was committed to Glückstadt). You could say that this was due to jealously that she was thrown onto the streets because the mother always wanted a daughter and loved Elisabeth very much as her own.

This part we know to be true as Elisabeth suffered immensely after the war until her death in 1995. Her son heard Elisabeth telling the doctor many issues that she had back then, due to her past in Germany and struggled with her future because of this, as many do after such a horrific war.

On the 15th October 1943, Elisabeth was committed to the Landesarbeitsanstalt, Glückstadt.

Her category was V.B = Preventive Imprisonment.[2]

---

[2]   Auch „Preventive Detention" gleich die „Sicherungsverwahrung".

In her records, it is additionally noted; chief administrative Plön.

The exact reasons are not known, as evidenced by the custody and disposal here to book the state employment office Glückstadt (Dept. 372 No.147) this was done to "prevention". From the entry and exit point further show that Elisabeth Gryzbek on the 8th June, 1945 escaped from the correctional institution, Glückstadt.

The state employment office in 1943 became a working camp for younger people that were hard to educate – by opinion of the Nazis. One thing that Elisabeth did say was that she never took up German nationality, so we wonder if that is a reason why she was place into Glückstadt?

On the coroner's report on her death it states that she had a tattoo on the right upper arm, with an irregular scar within this. Our guess is that this tattoo was placed on her during the Nazi occupation and after her escape at some point she tried to take any signs of this away. She never ever let anybody see this tattoo and would always have it covered up.

We have no information on where Elisabeth goes at this point in time or indeed where she lived, until records in the city archives of Plön say that she lived and worked in Grebin in 1941.

1941 - She lived and worked Langestraße 14, Plön. This was a greengrocer.

1942 – She changed her worked address to Markt 17, Plön. This was part of administration.

1943 – She worked in Ascheberg near Plön.

1945 – She worked in Hamburger Straße 30, Plön.

1947 – She changed her living place from Grebin to Klosterstraße 6 in Plön. She lived there till 1949.

1949 – She moves to Hamburg to have her son Johann Normann. With no announcement.

And then later that year in 1949 she moved from Altona, Hamburg to the Langestraße 36, Plön.

She puts her son Johann into an Orphanage and has to work for the state to look after his welfare until 1959. We know she worked in a factory somewhere close in Hamburg possibly because she sometimes visited her son in the Orphanage.

A year before in 1958 Elisabeth marries an English gentleman working in the Royal Air Force, they take Johann out of the Orphanage in November 1959 and take him to England. But during the years after did move to Jever when her British Nationality Act Certificate was produced in Bremen.

We know that Elisabeth moves back to Hamburg while her son is in the Orphanage because she rights to Plön, trying to find information on her biological parents in 1952. She is at this point living with another family in the centre of Hamburg I believe?

The address is: Hamburg 11, Zeughaus, Markt 4 bei Hobert.

Elisabeth is told their birth dates and places of birth but nothing more that we know. Any other information placed in this, is from my research from German and Polish archives.

She is told that her mother is: Genoveva Grzybek - 31/12/1891. Born in Polska Lutpa/Lutyn. Nationality Polish/

Slovakian. Marital status; single, occupation; farm worker. Died on 27th February 1943 of bowel cancer and was interred in Malchow, Waren.

And her father is: Christian Kuhl - 31/10/1890, Born in Kiel, Marital status, single, occupation; farm worker. Died - 12/14/1951. Died in his sleep in Hohenhude.

Katy Newmarch

Frauengeschichte – Frauengeschichten im Kreis Steinburg

Dokumentationen I-IV

Dokumentationen V-VIII

Jutta Ohl

Jahrgang 1943

Realschulabschluss

Kauffrau 1960 – 1976

1976 - 1991 Schulsekretärin am Kreisgymnasium (heute SSG)

1976 - 1996 Kommunalpolitisch tätig in verschiedenen Gremien

1991 - 2008 1. Gleichstellungsbeauftragte für den Kreis Steinburg

Ehrenamtlich tätig in verschiedenen Vereinen und Verbänden

E-Mail: jutta-ohl@iz-kom.de

Christine Berg

Jahrgang 1961

Abitur 1981 in Kiel

Bankkauffrau 1981-1988

Studium der Sinologie und Germanistik 1988-1995

Editorial Managerin am GIGA in Hamburg seit 2001

Chinesisch-Dozentin seit 1996

Ehrenamtlich engagiert in verschiedenen kulturell tätigen Vereinen sowie Umwelt- und Naturschutz-Verbänden; Kommunalpolitisches Ehrenamt

E-Mail: gongsi@china-dienste.de

(Fotos: privat)

Die Gründungsfrauen des Vereins

Donna Doria e.V.

1999

(Foto: privat)

Ein Teil der Mitgliedsfrauen des Vereins

Donna Doria e.V.

2019

(Foto: privat)

Donna Doria Bildergalerie

Wir haben es in der Hand, alles unter einem Hut!

(Foto: privat)

Bei den Museumsfesten sind wir immer als "Pink Ladys" dabei.

Netzwerken ist wichtig!

(Fotos: privat)

Wir haben uns dafür eingesetzt, dass am Theater Itzehoe eine Gedenkstele für die in Itzehoe geborene Schauspielerin Sabine Sinjen aufgestellt wurde.

(Foto: privat)

Zur Erinnerung
an die Theater-
und Filmschauspielerin

Sabine Sinjen
geb. 18.8.1942 in Itzehoe
gest. 18.5.1995 in Berlin

(Foto: privat)

Für die „Steinburger Tänzer" haben wir generell die Patenschaft übernommen.

(Foto: privat)

Mit „Donni" in Itzehoe. Mit dem „elektrischen" Donna Dackel haben wir den Wettbewerb im Itzehoer Dackelrennen gewonnen!

"DONNI" unser High-Teckel beim Itzehoer Dackelrennen!

(Foto: privat)

Bitte schmökern Sie auch gern in unseren *Fortunae*-Bänden:

Christine Berg und Jutta Ohl (Hrsg.)
**Fortunae – 400 Jahre Frauengeschichte(n)
in, aus und um Glückstadt**

Berg, Christine und Jutta Ohl (Hrsg.): *Fortunae – 400 Jahre Frauengeschichte(n) in, aus und um Glückstadt*, Band 1, Norderstedt: BoD, 2017.

Berg, Christine und Jutta Ohl (Hrsg.): *Fortunae – 400 Jahre Frauengeschichte(n) in, aus und um Glückstadt*, Band 2, Norderstedt: BoD, 2018.

Berg, Christine und Jutta Ohl (Hrsg.): *Fortunae – 400 Jahre Frauengeschichte(n) in, aus und um Glückstadt*, Band 3, Norderstedt: BoD, 2019.

Band 4 soll im März 2020 erscheinen.